AF267996

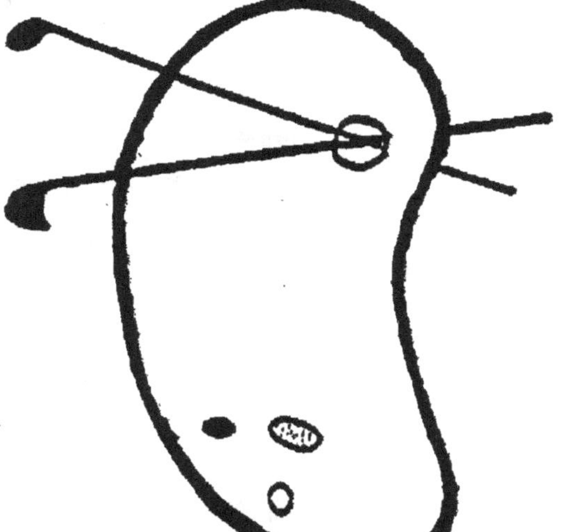

DEBUT D'UNE SERIE DE DOCUMENTS EN COULEUR

Couverture inférieure manquante

L⁷ₖ
30572.

ÉTAT

DES

PROPRIÉTÉS COMMUNALES

ET

DES DIFFÉRENTS SERVICES

DE LA VILLE DE CORBEIL

MIS A JOUR AU 31 MARS 1896

CORBEIL

IMPRIMERIE Louis DREVET, 3, RUE DE PARADIS

—

1896

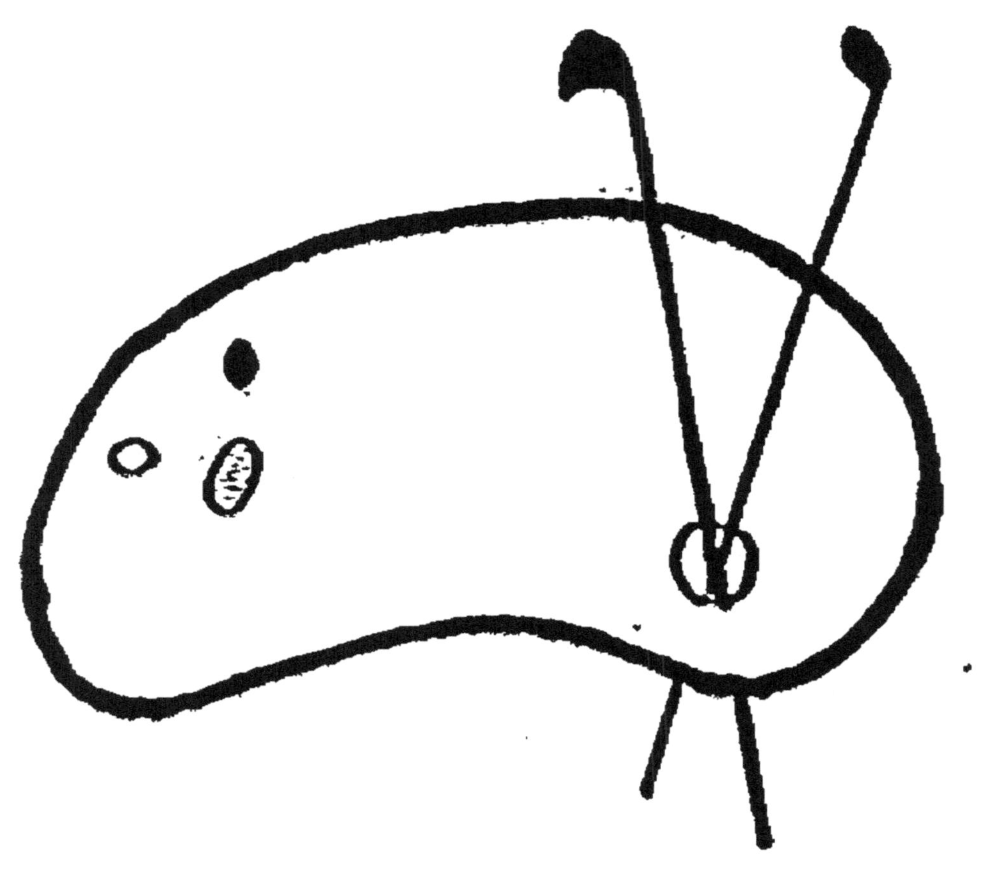

FIN D'UNE SÉRIE DE DOCUMENTS
EN COULEUR

ÉTAT

DES

PROPRIÉTÉS COMMUNALES

ET

DES DIFFÉRENTS SERVICES

DE LA VILLE DE CORBEIL

MIS A JOUR AU 31 MARS 1896

CORBEIL

IMPRIMERIE Louis DREVET, 3, RUE DE PARADIS

—

1896

CORBEIL, IMPRIMERIE LOUIS DREVET

Monsieur le Maire,

Messieurs les Conseillers Municipaux,

Vers l'année 1877, un conseiller municipal (M. LECLER, alors avoué à Corbeil) fut chargé par l'Administration municipale de présenter, en même temps que l'Exposé de la situation financière, un travail d'ensemble sur l'origine et l'état des Propriétés communales et sur les divers Services de la Ville de Corbeil.

En soumettant son travail à ses collègues, l'auteur faisait remarquer combien l'établissement d'un document de ce genre avait présenté de difficultés, et exprimait le vœu qu'à l'avenir il puisse être tenu à jour, année par année.

Malheureusement, depuis cette époque rien n'a été fait en ce sens.

J'ai pensé qu'il y avait là une lacune à combler, et j'ai, sous ma propre responsabilité, repris l'œuvre si complète et si intéressante de M. LECLER, afin de la continuer par l'indication des changements survenus successivement depuis cette époque, ou tout au moins depuis une douzaine d'années, pour certains services.

Je m'estimerai satisfait si ce travail a pu intéresser quelques-uns de mes concitoyens.

G. KŒNIG,

Conseiller municipal.

Avril 1896.

TABLE

L'Exposé ci-après comprend les divisions suivantes :

Chapitres		Pages
I.	État des Propriétés communales.	5
II.	Voirie et Égouts.	21
III.	Service des Eaux	27
IV.	Éclairage	33
V.	Ports	31
VI.	Hôpital-Hospice. — Orphelinat. — Bureau de Bienfaisance. — Dons et Legs	35
VII.	Instruction publique	39
VIII.	Questions financières	43
IX.	Tableau comparatif de différents services	48-49

N. B. — Le texte en caractère fort reproduit le travail dressé par M. Leclef en 1833; le caractère plus petit retrace les ajoutés et observations de M. Kœnig en 1896.

EXPOSÉ
DE LA SITUATION FINANCIÈRE
ET DE L'ÉTAT DES DIFFÉRENTS SERVICES COMMUNAUX

Présenté au Conseil Municipal dans la séance du 24 Mai 1878

CHAPITRE PREMIER

ÉTAT DES PROPRIÉTÉS COMMUNALES

ARTICLE PREMIER

ÉGLISE PAROISSIALE DE SAINT-SPIRE ET PRESBYTÈRE

§ 1. — Église paroissiale de Saint-Spire.

L'église paroissiale actuelle de Corbeil, consacrée sous l'invocation de saint Spire, évêque de Bayeux, et des douze Apôtres, était, avant la Révolution, une collégiale ayant un abbé et un chapitre de douze chanoines.

Le service paroissial de Corbeil se faisait, pour la rive gauche de la Seine, à l'église collégiale de Notre-Dame, devenue paroissiale en 1601, après la démolition de l'ancienne paroisse de Saint-Nicolas. — L'emplacement de cette église de Notre-Dame, démolie en 1822, est suffisamment indiqué par les rues qui portent son nom. — Il y avait bien encore un autel paroissial dans l'église du prieuré de Saint-Guenault, et un autre à Saint-Spire même, sous le vocable de saint Martin ; mais la juridiction de ces deux paroisses était fort restreinte et se trouvait vraisemblablement limitée, pour la première, à l'enceinte de l'ancien château, et pour la seconde, à l'enceinte du cloître.

Sur la rive droite, il y avait deux églises : Saint-Jacques, au bout de la rue de ce nom, qui était une succursale de la paroisse de Saint-Germain, chef-lieu du doyenné dit du Vieux-Corbeil ; et Saint-Léonard, qui était une succursale de la paroisse de Saint-Pierre du Perray.

Le décret de l'Assemblée nationale des 2-4 novembre 1789 mit tous les biens ecclésiastiques à la disposition de la nation, à la charge de pourvoir d'une manière convenable aux frais du culte, à l'entretien de ses ministres et au soulagement des pauvres.

— 6 —

L'article 12 du Concordat du 25 fructidor an IX (10 septembre 1801), déclaré loi de la République le 18 germinal an X (8 avril 1802), stipula que toutes les églises non aliénées, nécessaires au culte, seraient remises à la disposition des évêques.

En exécution de cet article du Concordat, le service paroissial de toute la commune de Corbeil, réunie en une seule paroisse, fut installé dans l'église de Saint-Spire, la plus vaste de la ville, qui devint le siège du doyenné érigé à Corbeil dans la nouvelle délimitation des paroisses.

Postérieurement, un avis du Conseil d'État du 2 pluviôse an XIII (22 janvier 1805), approuvé par l'Empereur le 6 du même mois (26 janvier 1805), a déclaré que les églises abandonnées aux communes en exécution de la loi du 18 germinal an X devraient être considérées comme des propriétés communales.

C'est ainsi que la ville de Corbeil est devenue propriétaire de l'église paroissiale de Saint-Spire.

Cette belle église a été commencée vers le milieu du dixième siècle, par Haymon, comte de Corbeil. — Brûlée en 1019 et en 1158, elle fut rebâtie plus ou moins promptement, et consacrée par Jean Léguisé, évêque de Troyes, le 10 octobre 1157. — C'est en mémoire de la fondation et de la consécration de l'église que M. l'abbé Girard fit peindre, il y a quelques années, les deux dates de 950 et 1157 accolées sur tous les piliers de la grande nef.

Malgré son incontestable mérite architectural, les diverses municipalités n'ont pas cru jusqu'ici qu'il fût utile de demander le classement de l'église de Saint-Spire au nombre des monuments historiques.

On remarque à l'intérieur de Saint-Spire, outre un tableau de Mauzaisse, peintre né à Corbeil (*les Miracles de saint Spire*), le mausolée du comte Haymon, fondateur de l'église, et celui de Jacques Bourgoin, qui donna en 1656, pour fonder un collège à Corbeil, les maisons dans lesquelles est installée actuellement l'école communale de la rue de la Boucherie. — Ce dernier mausolée était originairement dans l'église de Notre-Dame.

Est-il nécessaire de rappeler que, pendant la guerre de 1870-1871, les grandes orgues de Saint-Spire ont été complètement saccagées par les soldats allemands logés dans l'église ?

Extérieurement, l'édifice est déshonoré par une manière de remise, établie il n'y a pas très longtemps au côté méridional de la tour, et qu'il serait convenable de faire disparaître.

La grande arcade ogivale, par laquelle on accède à l'église en venant de la rue Saint-Spire, est l'ancienne entrée du cloître des chanoines. Ses niches, vides actuellement, contenaient encore en 1790 les statues de saint Spire et de saint Leu. — Il serait bien à désirer que les ressources municipales permissent d'isoler et de restaurer ce remarquable spécimen de l'architecture du treizième siècle, le plus curieux et le plus intéressant des monuments de Corbeil.

NOTE. — Les grandes orgues de Saint-Spire, dont il est fait mention dans l'exposé ci-dessus, ont été reconstruites vers 1880 au moyen d'une souscription publique.
La remise du corbillard a été supprimée, et sur son emplacement a été installé un appareil de chauffage qui donne des résultats satisfaisants. L'église a été également entourée d'une grille, aux frais de la Fabrique. Il est regrettable que des modifications intérieures,

faites dans les dernières années, aient nui au style architectural du monument. Mais la grande arcade de la rue Saint-Spire n'a pas été entretenue et se désagrège chaque jour.

Il serait grandement temps de consacrer quelques fonds à sa restauration, si l'on tient à conserver à la Ville un des rares monuments qu'elle possède des temps passés.

C'est vers 1890 qu'a été installée, aux frais de la Ville, la nouvelle horloge pourvue d'un cadran sur chaque face de la tour, au lieu du cadran unique qui existait, avantage très apprécié par la population.

L'église Saint-Spire est classée maintenant comme monument historique.

§ 2. — Presbytère.

La maison sise cloître Saint-Spire, n° 6, et qui sert à l'habitation du curé-doyen de Corbeil, a été acquise par la ville, de madame veuve Droin, suivant acte passé devant M⁺ Jozon et son collègue, notaires à Corbeil, le 12 janvier 1827, moyennant le prix principal de 12.000 francs, dont la ville s'est intégralement libérée aux termes d'une quittance reçue par ledit M⁺ Jozon et son collègue, notaires à Corbeil, le 11 mai 1852.

NOTE — Rien à signaler.

ARTICLE DEUXIÈME

ÉGLISE DE SAINT-LÉONARD

L'église de Saint-Léonard, qui était autrefois, comme il a été dit ci-dessus, une succursale de la paroisse de Saint-Pierre du Perray, sert aujourd'hui de succursale à l'église paroissiale de Saint-Spire.

La ville en est devenue propriétaire dans les conditions qui ont été ci-dessus rapportées pour l'église de Saint-Spire.

L'édifice paraît avoir été construit dans la première moitié du treizième siècle, sauf la travée ajoutée pour servir de sanctuaire, qui date du dix-septième siècle.

Des réparations importantes, dont le chiffre s'élève à près de 6,000 francs, ont été exécutées à l'église de Saint-Léonard, en 1877 et 1878, en vertu de deux délibérations du conseil municipal des 29 juin 1877 et 8 mars 1878.

Le presbytère de Saint-Léonard, situé dans le cloître, près de l'église, n'appartient pas à la ville. — Il est la propriété de la fabrique de Saint-Spire.

Ce presbytère était devenu bien national, comme l'église elle-même, à la suite du décret de l'Assemblée nationale des 2-4 novembre 1789; il est entré dans le patrimoine de la fabrique de Saint-Spire en vertu du décret impérial du 30 mai 1806, qui a réuni aux fabriques des cures et succursales les églises et presbytères supprimés dans leur circonscription paroissiale.

NOTE. — Cette église n'existe plus depuis 1886, époque à laquelle a été fait le percement, sur la place Saint-Léonard, de la nouvelle montagne de Saint-Germain. — Il ne reste plus que l'étroit passage, rue Saint-Léonard, qui lui donnait accès.

ARTICLE TROISIÈME

CIMETIÈRE COMMUNAL

Après la suppression, vers 1855, du cimetière dit de Saint-Nicolas, situé entre la rue Saint-Spire et la rue de la Quarantaine, et qui devait son nom à l'ancienne paroisse de la rive gauche, démolie vers la fin du seizième siècle, un nouveau cimetière a été établi à l'extrémité septentrionale de la ville, au lieu dit les Tarterets.

La contenance de ce cimetière est de 91 ares 17 centiares.

Le terrain a été acquis :

Pour 44 ares 74 centiares, de M. Darbonne, par contrat passé devant M° Jozon, notaire à Corbeil, le 15 novembre 1855, moyennant 2.000 francs, payés aux termes d'une quittance passée devant le même notaire, les 10 et 12 novembre 1851 ;

Et, pour 46 ares 43 centiares, de M. Percier-Bassant, par contrat passé devant M° Jozon, notaire à Corbeil, le 15 novembre 1855, contenant échange dudit terrain contre un autre terrain de même contenance, sis à Essonnes, champtier du Bois des Hanges ou des Poteaux, acquis par la ville des sieur et dame Fieffé, aux termes dudit contrat du 15 novembre 1855, moyennant le prix de 1.800 francs, payé suivant quittance passée devant ledit M° Jozon, notaire à Corbeil, les 1-2 juillet et 20 août 1851.

Il a été déboursé pour la construction des murs de clôture une somme de 6.000 francs environ.

Le conseil municipal, par deux délibérations des 27 mai 1870 et 14 avril 1871, a reconnu l'insuffisance du cimetière dans son état actuel, et en a décidé l'agrandissement.

Pour arriver à cet agrandissement, la ville de Corbeil, — aux termes d'un procès-verbal d'adjudication dressé par M° Cros et Jozon, notaires à Corbeil, le 15 mai 1870, et de deux actes reçus par ledit M° Jozon, le 14 avril 1871, — a acquis des héritiers Delondre, de madame veuve Renaud, et de madame veuve Chevallier, 1 hectare 55 ares 44 centiares de terrain contigu au cimetière, moyennant les prix réunis de 15.654 francs.

La ville s'est intégralement libérée des prix de ces trois acquisitions aux termes de trois quittances reçues par M° Jozon, notaire à Corbeil, les 5 décembre 1871, 1er mars 1872 et 15 novembre 1876.

La dépense à faire pour la clôture des terrains en question est évaluée par un devis régulier à la somme de 6,644 fr. 59 cent.

Ces terrains sont encore en culture ; ils sont loués au sieur Ronce, cultivateur à Corbeil, et au sieur Radot, cultivateur à Essonnes, moyennant 157 fr. 75 cent. par an, pour les deux locations réunies.

Lorsque ces terrains auront été englobés dans la nouvelle clôture, la contenance du cimetière se trouvera portée à 2 hectares 44 ares 58 centiares. Il se passera donc de longues années avant qu'on ait à songer à un nouvel agrandissement ou à une translation du cimetière.

NOTE. — Les murs de clôture du nouveau cimetière, dont il est question plus haut, ont été construits en 1887. La dépense s'en est élevée à 11.285 fr. 16 ; mais une grande partie de ces murs reste encore à crépir.

En 1891 a eu lieu l'exhumation des restes des soldats allemands et français morts à

Corbeil en 1870-71 et la construction du monument situé à l'angle nord du nouveau Cimetière. Il existe à la Mairie un document donnant des indications sur la plupart de ces soldats.

En 1892 a été élevé par la Société des Grands-Moulins le monument des victimes de l'incendie du 30 mai 1892.

Actuellement le Conseil municipal s'occupe de l'aménagement de ce cimetière, rendu indispensable surtout par suite de la création de la ligne de Montereau, qui a pour conséquence la suppression de l'ancien chemin qui y donnait accès.

Les devis, pour la grille d'entrée et l'empierrement des voies d'accès, s'élèvent à une dizaine de mille francs, et les travaux seront achevés sous peu.

Le Conseil municipal s'est occupé aussi d'un projet d'élargissement du pont du chemin de fer, moyennant une participation de la Ville dans la dépense, afin de réparer dans la mesure du possible la faute commise par l'administration municipale qui l'a accepté il y a plus de trente ans. Cette question est toujours en suspens.

ARTICLE QUATRIÈME

CORPS DE GARDE ET REMISE DES POMPES

Ces bâtiments, situés sur la place du Marché, ont été construits antérieurement à l'année 1852.

Les travaux, faits par la municipalité, ont été précédés des formalités légales nécessaires en pareil cas.

Des renseignements assez vagues trouvés dans les archives de la ville, il semble résulter que le terrain sur lequel ces constructions ont été élevées est celui d'une ancienne ruelle, qui allait de la place du Marché à la rivière de la Boucherie, entre l'auberge de la Coupe-d'Or, dont les bâtiments sont actuellement occupés par le sieur Charmoy, tonnelier, et d'autres maisons démolies depuis pour l'agrandissement de la place du Marché.

Des difficultés, qui ont retardé la construction, paraissent avoir été soulevées à cette époque par le propriétaire de l'auberge de la Coupe-d'Or. Il prétendait que la ville ne pouvait lui supprimer l'accès qu'il avait de ce côté sur la place du Marché depuis la démolition des maisons qui formaient l'autre côté de la ruelle. — Les constructions ayant été élevées néanmoins, après un retard de quelques années, il est probable que le propriétaire de la Coupe-d'Or aura renoncé à soutenir sa prétention et aura reconnu le droit de la ville.

NOTE. — L'ancien bâtiment délabré servant de corps de garde et de magasin des pompes à incendie vient d'être démoli, et d'autres bâtiments ont été réédifiés pour ces deux services.

Le magasin des pompes a été construit sur le canal de la Boucherie ; il donne une superficie d'au moins un tiers plus grande que l'ancien.

Le bâtiment du corps de garde a été étudié de façon à recevoir un logement d'agent de police et un autre pour le clairon des pompiers.

Le devis de la dépense de construction de ces deux bâtiments s'élève à plus de 40 000 francs.

Au rez-de-chaussée, une salle est réservée pour asile de nuit où logeront les ouvriers de passage, qui jusqu'ici étaient envoyés à l'auberge. De ce fait le Bureau de bienfaisance réalisera de 1.000 à 1.200 francs d'économie par an.

ARTICLE CINQUIÈME

ÉCOLE LAÏQUE DES GARÇONS

Le local sis rue de la Boucherie et quai de l'Instruction, affecté à l'école laïque des garçons, appartient à la ville de Corbeil en vertu d'un acte de donation du 30 janvier 1656.

Aux termes de cet acte, reçu par Me Barré et Me Tarteret, notaires à Corbeil, M. Jacques Bourgoin de Corbeil, écuyer, lieutenant-colonel au régiment de la Tour, né à Corbeil, a donné sa maison d'habitation et 1.520 livres tournois de rente, à prendre sur divers débiteurs, pour fonder à Corbeil un collège, sous le nom de *Collége de l'instruction de la jeunesse*.

Dans ce collège, un principal, un régent — tous deux ecclésiastiques, — et un maître-écrivain, qui pouvait être laïque, tous les trois à la nomination de la Sorbonne, devaient enseigner *gratuitement* aux enfants de la ville de Corbeil et des faubourgs la lecture, l'écriture, la langue latine jusqu'à la rhétorique, et le catéchisme tous les samedis.

Les 1.520 livres de dotation devaient être touchées par un notable bourgeois de Corbeil, nommé en l'assemblée des maire, eschevins, manants et habitants, et employés à payer, par quartier et d'avance :

Au principal	500 livres
Au régent	400 —
Au maître-écrivain.	500 —
Au portier, à la nomination du principal.	50 —
A la Sorbonne, pour les peines et soins de son inspecteur.	50 —
Ensemble.	1.500 livres

Les 220 livres de surplus devaient être employées pour les luminaire, pain et vin des messes que les principal ou régent devaient dire chaque jour, dans la chapelle de l'établissement, à l'intention du fondateur, et auxquelles les écoliers étaient tenus d'assister, pour l'entretien du collège, et pour les réparations, lesquelles seraient faites sur l'ordre du principal, avec avis du Prévôt et du Procureur du Roi, si la dépense dépassait 50 livres tournois par an.

Les comptes devaient être rendus tous les ans, en présence de l'inspecteur envoyé par la Sorbonne pour visiter le collège et connaître si les principal, régent et maître-écrivain faisaient leur devoir, et des curé, Prévôt et Procureur du Roi de Corbeil.

Le fondateur, — prévoyant la diminution des revenus et le cas où l'expérience démontrerait l'utilité pour la jeunesse de changer quelque chose au premier établissement, — donnait pleins pouvoirs à MM. de la Sorbonne d'en ordonner absolument ainsi qu'ils aviseraient pour le mieux, avec l'avis et consentement du Prévôt et du Procureur du Roi, pourvu, néanmoins, que ce fût sans transférer ailleurs ladite fondation, et sans en divertir le fonds à aucune autre chose que la destination indiquée par le fondateur.

Par suite du remboursement d'une partie des rentes et du remploi des fonds en provenant, fait le 16 janvier 1659, par acte devant lesdits M° Barré et M° Tarteret, notaires à Corbeil, la dotation du collége s'est élevée à 1.550 livres de rente.

M. Bourgoin est mort à Corbeil, le 12 novembre 1661, âgé de 76 ans; il a été inhumé dans l'église de Notre-Dame, d'où son mausolée a été, comme il a été dit plus haut, transféré dans l'église paroissiale de Saint-Spire.

Il n'a pas été possible jusqu'ici de retrouver, dans les archives de la ville, des documents sur l'époque de la suppression du collége, non plus que sur le sort des rentes données pour son entretien.

Il est probable que ce collége fut supprimé à la Révolution, et que sa suppression fut suivie de l'installation des écoles primaires dans les bâtiments provenant de la fondation Bourgoin, qu'elles occupent encore aujourd'hui.

Ces bâtiments sont dans un tel état de vétusté que la reconstruction en a été, depuis longtemps, jugée nécessaire. — Cette reconstruction, retardée par l'état des finances municipales, a été décidée par le Conseil municipal dans sa séance du 29 mai 1877.

Le devis dressé par l'architecte de la ville s'élève au chiffre de 66.500 francs.

La ville a obtenu du département un secours de 15.581 francs. — Elle sollicite de l'État un autre secours de 25.076 francs. — Il resterait donc à la charge des finances municipales une dépense de 27.819 francs.

NOTE. — Les travaux de reconstruction de cette école ont été exécutés en 1879-1880.

Le montant de la dépense s'est élevé à	100.788 71
Le Département ayant souscrit une subvention de 15.381 francs et l'État celle de 25.000 francs, soit au total	19.384 »
il est resté au compte de la Ville la somme de.	60.404 71

A l'heure actuelle cette école est à la veille d'être insuffisante, et son agrandissement s'imposera dans quelques années, si le chiffre de la population continue à progresser.

ARTICLE SIXIÈME

ÉCOLE DES FRÈRES

L'école des Frères de la doctrine chrétienne, ouverte au mois d'octobre 1860, tire son origine d'un legs et d'une donation qui doivent être mentionnés séparément.

§ 1. — Legs de Thomé, plus connu sous le nom de Legs de Caulaincourt.

Par son testament olographe en date, à Paris, du 20 juillet 1822, M. le marquis de Thomé a légué une somme de vingt mille francs, pour être employée à la fondation d'un établissement pieux ou de charité, avec prière à madame de Caulaincourt, sa cousine, de vouloir bien accepter ses pouvoirs et se charger de faire l'emploi de ladite somme, en stipulant une fondation annuelle de prières pour le repos de l'âme du testateur.

Par son testament olographe, en date, à Paris, du 19 novembre 1855, madame de

Caulaincourt a légué, pour la fondation à Corbeil d'une école des Frères de la doctrine chrétienne, les vingt mille francs que M. le marquis de Thomé lui avait confiés pour une bonne œuvre, à la condition, imposée à elle-même, d'une messe chaque année pour le repos de l'âme du testateur originaire.

Ces vingt mille francs étaient alors représentés par une inscription de rente sur l'État de 1.016 francs.

Conformément à une délibération du Conseil municipal du 17 août 1836, une ordonnance royale du 18 juillet 1837 autorisa la ville de Corbeil à accepter le legs, à la condition d'en employer le montant à l'entretien annuel des écoles publiques et gratuites des deux sexes à Corbeil.

Mais les héritiers de madame de Caulaincourt résistèrent à la délivrance dans ces termes, et un jugement du tribunal civil de la Seine, du 20 juin 1839, confirmé par arrêt de la Cour royale de Paris, du 15 décembre suivant, leur donna complétement raison.

Ces jugement et arrêt décident que l'emploi proposé par la ville de Corbeil ne remplit pas les intentions de madame de Caulaincourt. — A l'objection faite par la ville que la somme léguée est insuffisante pour fonder l'école demandée, ils répondent que la ville peut attendre que les arrérages à échoir soient venus compléter la somme nécessaire, et ils déclarent la ville non recevable, *quant à présent*, dans sa demande à fins de délivrance du legs.

La question ayant été de nouveau portée devant le Conseil municipal, une délibération du 28 juin 1842 décida la renonciation pure et simple au legs, la ville ne voulant pas exécuter la condition.

Mais cette délibération ne fut pas pourvue de l'approbation de l'autorité supérieure, et, le 1 décembre 1849, une nouvelle délibération du Conseil municipal décida l'acceptation pure et simple, sous la réserve par la ville d'exécuter seulement quand l'accumulation des arrérages aurait produit une somme suffisante.

Sur cette délibération intervint, le 26 février 1852, un décret du président de la République réformant en partie l'ordonnance royale du 18 juillet 1837, et prescrivant que les arrérages de la rente de 1.016 francs seraient placés sur l'État jusqu'à l'époque où la ville de Corbeil posséderait des ressources suffisantes pour la création d'une école des Frères de la doctrine chrétienne.

Ce décret reçut son exécution, avec une légère modification convenue entre la ville de Corbeil et les héritiers de madame de Caulaincourt. — L'inscription de rente de 1,016 francs fut déposée à la Caisse des consignations, chargée d'en recevoir les arrérages.

§ 2. — Donation Leféron.

Aux termes d'un acte reçu par Mᵉ Meignen, notaire à Paris, en présence de deux témoins, le 14 janvier 1857, mademoiselle Caroline Leféron, en religion sœur Philippe, demeurant à Paris, rue de Sèvres, nᵒ 86, au couvent des Dames des Oiseaux, a fait donation à la ville de Corbeil d'une maison sise à Corbeil, cloître Saint-Spire, nᵒ 10.

Cette donation a été acceptée par la ville de Corbeil, dûment autorisée, aux termes d'un autre acte reçu par ledit M⁰ Meignen, notaire à Paris, aussi en présence de témoins, le 9 juillet 1858.

Ces actes de donation et d'acceptation ont été transcrits au bureau des hypothèques de Corbeil, le 22 octobre 1858, volume 867, nᵒˢ 4 et 5.

La donation a eu lieu sous la condition expresse et formelle que l'immeuble donné serait affecté, à perpétuité, à la fondation d'une école *gratuite* de garçons dirigée par les Frères des écoles chrétiennes.

L'ouverture de l'école ne se faisant pas assez vite à son gré, la demoiselle Leféron, à la date du 23 septembre 1859, introduisit contre la ville de Corbeil une demande en révocation de la donation du 11 janvier 1857.

Par ses délibérations des 13 juin et 11 juillet 1860, le Conseil municipal décida que l'école des Frères serait ouverte le 1ᵉʳ octobre suivant; et un jugement du tribunal civil de Corbeil, du 12 juillet 1860, donna acte de cette décision du Conseil, en prononçant la révocation de la donation pour le cas où l'ouverture de l'école n'aurait pas été faite à l'époque indiquée.

En exécution de ces délibérations et jugement, un traité intervint entre l'institut des frères et le maire de Corbeil, le 3 août 1860.

Aux termes de ce traité, les frères sont au nombre de trois, deux pour les classes, un pour les soins matériels.

La dotation, s'élevant à 2 686 francs, est attribuée au traitement des frères jusqu'à concurrence de 1.800 francs, soit 600 francs pour chacun d'eux; le surplus devant servir aux chauffage, éclairage, fournitures de classe, distributions de prix, etc.

Les conditions d'admission à l'école sont celles des écoles publiques communales.

Les frères ne sont pas tenus de recevoir des écoliers au-dessous de six ans, ni d'en admettre plus de soixante dans les classes d'écrivains, et plus de cent dans les autres.

L'école a été ouverte dans ces conditions, au jour indiqué, 1ᵉʳ octobre 1860.

Depuis cette époque, la dotation de l'école s'est augmentée de 107 francs, dans les circonstances suivantes :

Aux termes de son testament, reçu par Mᵉ Biais, notaire à Corbeil, le 11 août 1871, M. l'abbé Girard, curé-doyen de Corbeil, a légué à ladite école une créance de 6.857 fr. 50, garantie par une hypothèque sur divers immeubles sis à Corbeil, pour le revenu de cette créance, dû par le débiteur sur le pied de 5 pour 100 par an, servir à l'amélioration de la situation des frères, avec stipulation que, lors du remboursement, le capital serait employé en rentes 3 ou 5 pour 100 sur l'État français, dont les arrérages recevraient la même destination.

Le supérieur de l'institut des frères et le maire de Corbeil ont été autorisés à accepter ce legs, et la délivrance en a été consentie par la légataire universelle et par l'exécuteur testamentaire de M. l'abbé Girard, aux termes d'un acte reçu par Mᵉ Biais, notaire à Corbeil, le 12 janvier 1877.

Les immeubles hypothéqués à la créance ayant été vendus, le prix en a été réparti entre les créanciers inscrits, aux termes d'une quittance reçue par Mᵉ Jozon et Mᵉ Biais, notaires à Corbeil, les 29 et 30 janvier 1878.

Par suite de l'insuffisance des prix, il n'a été touché sur le capital de la créance léguée par M. l'abbé Girard qu'une somme de 2.625 francs, au moyen de laquelle a été acquise une rente 5 pour 100 sur l'État, de 107 francs.

La dotation de l'école des frères est donc aujourd'hui de 2.795 francs par an.

NOTE. — En conformité de la loi de 1886 sur l'enseignement primaire, l'école des Frères a cessé, à partir du 1er octobre 1891, d'appartenir à la Ville.

Les frères ont ouvert une école libre dans l'immeuble, qui, ainsi que les titres de rentes, a été restitué par la Ville aux ayants-droit.

Ces titres représentaient un capital de 95.238 fr. 00.

Il est à remarquer que le legs Caulaincourt avait été fait à la condition expresse que l'école des Frères serait *gratuite*, condition qui a toujours été observée fidèlement par la Ville, alors que les héritiers, en rétrocédant tout ou partie des fonds à l'institut des Frères, n'ont pas tenu à honneur d'observer le vœu de la donatrice, en imposant aux frères cette gratuité de l'enseignement.

ARTICLE SEPTIÈME

ÉCOLE DES FILLES ET SALLES D'ASILE

Cet établissement est situé rue Feray, sur un terrain de 2.551 mètres acquis par la ville de Corbeil de M. Emile Widmer, moyennant une somme de 15.000 francs, suivant acte passé devant M⁰ Jozon, notaire à Corbeil, le 1er mai 1875.

Suivant quittance reçue par le même notaire, le 7 décembre 1875, la ville s'est libérée complétement du prix de cette acquisition.

Les travaux de construction ont été adjugés le 20 août 1875; ils se sont élevés :

Bâtiments et mobilier, à	146.975 fr. 10
Murs de berge sur le canal de Châteaubourg, et mouvements de terrain, à	11.827 fr. 62
Total	158.802 fr. 72

Ces dépenses ont été couvertes de la manière suivante :

Première souscription Galignani	135.000 fr. »
Deuxième souscription Galignani	12.000 fr. »
Troisième souscription Galignani	11.226 fr. 55
Crédit voté par la ville	576 fr. 17
Somme égale	158.802 fr. 72

Cinq délibérations du Conseil municipal, des 19 février et 28 mai 1875, 9 février, 21 août et 6 novembre 1877, ont accepté les souscriptions de M. Galignani et approuvé les projets des divers travaux.

L'établissement de l'école des filles et de la salle d'asile est donc, sauf la somme insignifiante de 576 fr. 17 cent. et le prix d'achat du terrain, entièrement dû à la munificence de M. Galignani. — Nous aurons encore, dans le cours de cet exposé, à constater d'autres effets de cette munificence, qui légitime si complétement le vœu émis par le Conseil municipal, dans sa séance du 15 mars dernier, de voir donner à la place Saint-Guenault le nom de place Galignani.

NOTE. — L'accroissement constant de la population rendait depuis longtemps indispensable l'agrandissement de cette école.

Après l'examen de plusieurs projets, le Conseil municipal s'est arrêté à celui consistant à acquérir, rue de la Gare, un terrain d'une superficie de 900 mètres pour le prix total de 5.400 fr., et à construire une nouvelle école maternelle, les anciennes salles d'asile de la rue Feray devant alors être converties en classes de filles.

Les dépenses se sont élevées savoir :

Le terrain	5.400 »
La construction	51.832 78
Le matériel	1.200 »
Modification des classes . .	2.881 01
Total .	61.313 79

Cette dépense a été couverte entièrement par les ressources ordinaires du budget, sauf une somme de 5.000 francs, *don de M. Remoiville, ancien député.* Ni l'Etat ni le Département n'ont accordé de subvention.

Quelque temps avant cette époque (le 25 avril 1892 Mme Audiffred a fait don à la Ville de sa propriété de la rue du 14-Juillet, à la condition d'y installer une école maternelle pour les enfants du Faubourg.

Le Conseil municipal a tenté à plusieurs reprises d'obtenir de Mme Audiffred qu'elle consentit à ajouter à son acte de donation les mots suivants : « et une ou deux classes de filles ». Des influences puissantes l'en auraient, parait-il, détournée, et elle s'y est refusée d'une manière formelle.

Ce refus a été fort regrettable au point de vue des finances de la Ville, car les deux classes de filles qui auraient pu être ainsi créées dans le Faubourg, et y rendre de grands services, auraient rendu inutile l'agrandissement de l'école de la rue Feray et, par suite, la construction de l'école de la rue de la Gare qui, ainsi qu'on l'a vu tout à l'heure, a entraîné une dépense de 61.000 francs. La Ville de Corbeil n'en a pas moins témoigné sa reconnaissance à Mme Audiffred en donnant son nom à l'ancienne rue Saint-Jacques.

La dépense, pour la construction de l'asile Audiffred ainsi que pour la restauration des bâtiments d'habitation, s'est élevée à 21.552 fr. 08.

ARTICLE HUITIÈME

HÔTEL DE VILLE

Les bâtiments où sont installés la mairie et le tribunal ont été acquis par la ville de Corbeil du département de Seine-et-Oise, suivant acte administratif du 20 janvier 1864, transcrit au bureau des hypothèques de Corbeil le 24 novembre suivant, volume 1059, numéro 56.

Ces bâtiments qui, avec la maison d'arrêt, composaient le prieuré de Saint-Guenault, avaient été mis à la disposition de la nation par le décret des 2-4 novembre 1789. — Plus tard, ils avaient été affectés au service départemental de la sous-préfecture et de la maison d'arrêt, et ils devinrent, en cette qualité, la propriété du département de Seine-et-Oise, aux termes du décret impérial du 9 avril 1811, qui a concédé gratuitement aux départements, arrondissements ou communes, la pleine propriété des édifices et bâtiments occupés alors pour le service de l'administration, des cours et tribunaux, et de l'instruction publique.

La vente par le département à la ville a eu lieu moyennant le prix de 50.000 francs, qui a été payé entre les mains du receveur particulier des finances de l'arrondissement de Corbeil, représentant le receveur général de Seine-et-Oise, le 18 février 1865, sans qu'il soit intervenu une quittance notariée.

Cette vente a eu lieu, en outre, à la charge par la ville de Corbeil de passer au département de Seine-et-Oise un bail de vingt-sept années à partir du 1er janvier 1864, moyennant un loyer annuel de 500 francs, des locaux occupés par le tribunal, avec faculté par le département de résilier ce bail lorsqu'il le jugerait nécessaire. — Le bail en question a été réalisé par acte administratif du 12 mars 1866, enregistré à Corbeil le 5 avril suivant.

Le Conseil municipal a renvoyé dernièrement à une commission l'examen d'un devis qu'il avait demandé pour l'éclairage au gaz de l'hôtel de ville.

Ce n'est pas la seule amélioration qui soit désirable. — Les bureaux de la mairie sont à l'étroit dans un local impossible — Les grandes assemblées, comme le tirage au sort et le conseil de revision, doivent, faute d'un local, se tenir dans la salle du Conseil et dans la salle des mariages.

Il y a là un état de choses qui ne peut pas durer. — La translation projetée du tribunal et de la prison dans les terrains de la place Salvandy rendra à la ville la disposition des locaux occupés par le tribunal, et amènera probablement l'aliénation par le département de ce qui compose la maison d'arrêt actuelle.

L'acquisition de ces bâtiments par la ville augmenterait singulièrement la surface de son terrain et permettrait d'étudier, d'une façon utile et définitive, les moyens de doter Corbeil d'un hôtel de ville méritant vraiment ce nom et dont les dispositions seraient en rapport avec l'importance de la cité et les obligations que lui impose sa qualité de chef-lieu d'arrondissement.

Cette question est une de celles qui doivent surtout préoccuper le Conseil municipal; il y en a peu d'aussi importantes qui puissent être soumises à son examen; — et elle se posera nécessairement le jour, peu éloigné peut-être, où les projets départementaux auront reçu leur exécution.

NOTE. — Depuis la construction, en 1853, de la Prison et du nouveau Tribunal, place Salvandy, de grands changements ont été apportés à l'Hôtel de Ville.

L'ancienne salle du Tribunal civil est maintenant affectée au Tribunal de Commerce, conjointement avec la Justice de Paix, et l'ancienne salle de Justice de Paix, au deuxième étage, est occupée par la Bibliothèque populaire.

En outre, en 1893, les bureaux de la Mairie ont été modifiés et agrandis, afin de répondre aux besoins actuels.

Et enfin, l'éclairage au gaz a été installé dans toutes les salles de l'Hôtel de Ville.

L'emplacement occupé par l'ancienne prison a été converti en un square au centre duquel est placée la statue des frères Galignani, œuvre de Chapu, élevée par souscription publique à la mémoire de ces deux bienfaiteurs de la Ville.

Quant au projet de reconstruction de l'Hôtel de Ville, il n'a pu être réalisé jusqu'à présent; il continue à faire l'objet des préoccupations du Conseil et s'impose d'autant plus que la Ville ne cesse de s'accroître d'une façon rapide.

ARTICLE NEUVIÈME

ABATTOIRS

Le terrain sur lequel sont construits les abattoirs a été acquis par la ville de Corbeil de MM. Magniant, Darblay, Maille, Gaidelin et Petit, par acte sous signatures privées du 30 mars 1850, déposé pour minute à Me Lemenuel, notaire à Corbeil, suivant acte dressé par lui les 1 octobre, 3 et 5 novembre 1850.

Cette acquisition a eu lieu moyennant un prix total de 2.372 francs, payé suivant quittance passée devant ledit Me Lemenuel, notaire à Corbeil, les 1-9-16 et 31 mars 1851.

Il a été déboursé, pour les intérêts du prix des terrains et pour la construction des murs et des bâtiments, une somme de 11.588 francs.

Les abattoirs ont été affermés jusqu'au 31 décembre 1874, moyennant un prix annuel de 1.025 francs.

Depuis le 1er janvier 1875, ils sont exploités en régie.

Ce mode d'exploitation a produit, en moyenne, la somme de 5.377 fr. 95 cent. par an, déduction faite des frais de la régie.

Différence annuelle en faveur de la régie : 1.552 fr. 95 cent.

NOTE. — On voit par la note ci-dessus que, pendant un certain nombre d'années, ce service a été pour la Ville une source de revenus. Cette situation était en contradiction avec la loi. Aussi en 1887-88, à la suite de réclamations et même de procès, une transaction est intervenue avec les bouchers-charcutiers de la Ville. Ceux-ci paient actuellement une taxe d'abattage basée sur les frais d'amortissement et d'entretien annuel. Les sommes non dépensées sont réservées et ne peuvent être employées qu'en travaux aux abattoirs. C'est au moyen de ces ressources spéciales qu'il a été exécuté différents travaux tels que la construction d'une maison de gardien, une porcherie, la réfection des échaudoirs, du pavage, etc., etc.

La revision des taxes d'abattage se fait tous les dix ans.

Il n'est peut-être pas sans intérêt de comparer le nombre d'animaux entrés aux abattoirs à diverses époques :

	Bœufs	Vaches	Veaux	Moutons	Porcs
En 1881.	363	36	477	1.963	1.161
En 1888.	482	204	934	3.390	1.529
En 1895.	526	86	767	3.546	1.758

ARTICLE DIXIÈME

SQUARE SAINT-JEAN

Le terrain, — d'une contenance de 1 699 mètres d'après l'acte de vente ci-après, sur 3.675 mètres duquel la Société d'horticulture fait établir en ce moment même le square Saint-Jean, — a été acquis par la ville de Corbeil de Monsieur et Madame Suel, suivant acte passé devant Me Jozon, notaire à Corbeil, le 22 décembre 1865, moyennant le prix principal de 17.587 fr. 50 cent., payé comptant, aux termes de l'acte de vente, qui en porte quittance.

Ladite somme de 17.587 fr. 50 cent. a été fournie par MM. Darblay et Beranger,

et représente le bénéfice — par eux ainsi abandonné à la ville — de l'opération d'acquisition et de revente des terrains appartenant à la Compagnie de Lyon, aux abords de la gare du chemin de fer.

Par une délibération du 23 août 1872, le Conseil municipal, sur la proposition faite de convertir ce terrain en un square, dont l'établissement était évalué à 4,000 francs, a décidé que la ville se bornerait provisoirement à faire démolir les portions de mur restées debout et à faire exécuter les menus travaux nécessaires pour constituer un lieu de promenade.

Par trois délibérations en date des 29 mai, 29 juin et 21 août 1877, le Conseil municipal a accepté l'offre de la Société d'horticulture de faire établir le square projeté et de l'entourer d'une grille en fer, moyennant une subvention de 1.000 francs à fournir par la ville, et en outre de se charger de son entretien pendant une durée de trente ans, à partir du 1er janvier 1878, — l'entretien de la grille restant à la charge de la ville, — à la condition qu'il lui en serait fait bail, pour ladite période de temps, moyennant un loyer annuel de un franc.

Le bail a été réalisé par acte passé devant Me Jozon, notaire à Corbeil, le 4 janvier 1878.

En dehors des conditions indiquées dans les délibérations du Conseil municipal, ce bail contient les stipulations ci-après :

La police du square appartiendra à l'administration municipale.

L'entrée publique sera suspendue pendant les expositions de la Société d'horticulture, ainsi que pendant les quinze jours précédents et les huit jours suivants.

Au bout de dix ans, la ville aura le droit de faire cesser le bail en prévenant la Société d'horticulture un an d'avance, et à la charge de lui rembourser, pour la dépense du premier établissement, autant de fois 250 francs que le bail aura encore d'années à courir.

Au cas de dissolution de la Société d'horticulture avant la fin du bail, la ville reprendra le square sans indemnité.

Ce bail a été approuvé par M. le préfet de Seine-et-Oise le 15 avril 1878.

NOTE — Le bail du square ayant été fait pour 30 années, par périodes de 10 ans, à partir du 1er janvier 1878, si la Ville désirait le faire cesser, ce que l'on ne prévoit pas, elle devrait en aviser la Société d'horticulture avant le 31 décembre 1896, la deuxième période devant prendre fin le 31 décembre 1897.

ARTICLE ONZIÈME

CHAMP DE FOIRE

Le terrain de 1 hectare 79 ares 16 centiares sis auprès de l'hospice, et où se tient la foire du 6 septembre, a été acquis de M. le comte Potocki, suivant acte reçu par Me Jozon, notaire à Corbeil, le 18 janvier 1867, moyennant le prix principal de 15.950 francs.

La ville de Corbeil s'est entièrement libérée de ce prix aux termes de deux quittances reçues par Me Jozon, notaire, les 5 décembre 1871 et 22 juin 1875.

NOTE. — Rien à signaler à cet article, si ce n'est qu'en raison des nombreuses constructions qui se font de ce côté jusqu'à la Seine, il serait peut-être à propos d'étudier le prolongement de la rue de Gournay jusqu'au chemin du Bas-Coudray, en proposant à l'Hospice un échange de son terrain avec le bois d'acacias que possède la Ville au bout du Champ de Foire. Il convient aussi de prévoir le prolongement de l'avenue Carnot vers la Seine, à travers le Champ de Foire ; un projet dans ce sens a déjà été pris en considération par le Conseil municipal.

ARTICLE DOUZIÈME

ANCIEN HOSPICE

Les bâtiments et terrain de l'ancien hospice ont été acquis de l'administration hospitalière suivant acte reçu par M⁰ Jozon, notaire à Corbeil, le 3 août 1868, moyennant le prix principal de 50.000 francs.

La ville de Corbeil s'est entièrement libérée de ce prix, aux termes d'une quittance reçue par ledit M⁰ Jozon, notaire, le 11 septembre suivant.

Une partie importante de ces bâtiments et terrain a été livrée à la voie publique pour le passage de la rue qui conduit du marché dans la Prairie et pour l'agrandissement de la place du Marché.

Ce qui en reste abrite la bibliothèque populaire et l'installation provisoire de l'Orphelinat, en attendant l'achèvement du bâtiment en construction rue de Champlouis.

Ces vieux bâtiments, qui du reste tombent en ruines, sont destinés à disparaître pour la régularisation de la place du Marché.

NOTE. — Ce qui restait des bâtiments de l'ancien hospice a disparu en 1879.

ARTICLE TREIZIÈME

MARCHÉ COUVERT

Par deux délibérations en date des 11 février et 22 avril 1862, le Conseil municipal a voté la construction de deux halles couvertes sur la place du Marché. — Les travaux de construction se sont élevés à la somme de 35.957 fr. 18 cent.

Le marché, avant la construction des halles, produisait par année 6.010 francs au prix de fermage.

Les droits de perception des places ont été adjugés, le 11 décembre 1877, pour une période de trois ans, moyennant un prix de 19.620 francs par année, soit une différence de 13.610 francs.

Voici le tableau de l'élévation successive :

1862, année de la construction.	6.010 fr.
De 1863 à 1865.	12.150 »
De 1866 à 1868.	12.200 »
De 1869 à 1871.	14.100 »
De 1872 à 1874.	17.560 »
De 1875 à 1877.	17.600 »
De 1878 à 1880.	19.620 »

Ces résultats sont assez éloquents par eux-mêmes pour nous dispenser d'insister à ce sujet. — La construction des halles, malgré le regrettable défaut de concordance entre leur axe et ceux des ponts, restera évidemment une des meilleures œuvres de la précédente administration municipale, et une des plus importantes parmi les sources des revenus communaux.

NOTE. — En 1892-93 ont eu lieu les travaux de reconstruction des Halles et la réfection complète de la place du Marché.

Afin de remédier autant que possible au défaut de concordance des axes des deux ponts, le pavillon des Halles a été édifié sur un nouveau plan d'alignement de la place qui atteint plusieurs immeubles de la place et de la rue de l'Ombrerie. Ce plan d'alignement a été approuvé par l'administration supérieure le 24 octobre 1895.

Le nouveau pavillon des Halles a été construit, après concours, par MM. Michelin et Ducastel.

Une partie de la ferronnerie des anciens pavillons a été utilisée, sauf pour le pavillon central, dont les fermes ont dû être faites spécialement.

Tel qu'il est, le pavillon des Halles présente une surface utilisable de 1.000 mètres superficiels.

Ces nouvelles Halles ont coûté :

INFRASTRUCTURE :

Terrassements et maçonnerie des fondations, murs de berge, etc. . . 28.685 70

SUPERSTRUCTURE :

Forfait Michelin et Ducastel . . . . 61.000 »
Dépenses supplémentaires 5.941 69

TOTAL 98.030 39
Réfection de la place du Marché 31.941 74

ENSEMBLE 130.375 13

Le devis général pour ces divers travaux s'élevait à 135.421 fr. 23.

On trouvera plus loin, au chapitre IX, le tableau indiquant les augmentations successives des droits de places jusqu'à ce jour.

Le montant de ces droits, qui était en 1880 de 19.620 fr., s'élève pour 1894-95-96-97-98 à 44.000 francs.

Cette augmentation est due en grande partie au développement du marché et aussi à l'augmentation de 5 centimes par mètre du droit des places, portée sur le tarif de la dernière adjudication.

CHAPITRE DEUXIÈME
VOIRIE ET ÉGOUTS

ARTICLE PREMIER

VOIRIE

§ 1. — Voirie urbaine.

La voirie urbaine comprend environ 2.800 mètres de rues pavées, et 6.200 mètres environ de rues empierrées, soit une longueur totale de rues de 9.000 mètres à peu près.

Dans ces chiffres ne sont pas comprises les rues ou traverses de places qui font partie de routes nationales ou départementales, dépendances du domaine de l'État.

Ce sont :

La rue du Pont, la rue de l'Ombrerie, la rue Saint-Spire, qui font partie de la route nationale n° 191, de Corbeil à Mantes, par Étampes et Rambouillet ;

La rue des Grandes-Bordes, la traverse de la place de la Halle, la rue des Petits-Ponts, la traverse de la place Saint-Guenault, la rue Notre-Dame, qui font partie de la route départementale n° 3, de Versailles à Corbeil, par Orsay et Montlhéry ;

La grande montagne de Saint-Germain, une petite partie de la rue de la Poterie, la rue Saint-Jacques, la rue du Quatorze-Juillet, qui font partie de la route départementale n° 9, de Corbeil à Lieusaint ;

La rue de Soisy, qui fait partie de la route départementale n° 29, de Corbeil à Villeneuve-Saint-Georges ;

La rue de la Pêcherie et le quai du même nom, qui font partie de la route départementale n° 31, de Corbeil à Melun.

On doit encore comprendre parmi les voies publiques de la ville l'avenue de Saint-Jean, non pavée ni empierrée, d'une longueur de 500 mètres, et l'avenue de Chantemerle, d'une longueur de 120 mètres, non pavée, interdite à la circulation des voitures, et dont l'axe forme de ce côté la limite entre la commune de Corbeil et celle d'Essonnes.

Le prix de revient de l'entretien des chaussées empierrées est, par mètre superficiel, de 6 centimes environ, non compris la dépense afférente au cantonnier, qui n'est pas affecté exclusivement au service de ces voies.

Le prix de revient de l'entretien des chaussées pavées ne peut être établi. On ne fait guère sur ces chaussées que des travaux neufs.

Des plantations existent sur sept des voies empierrées, dans les longueurs ci-après :

Rue Feray, de la place Salvandy à la rue Tandou, sur une longueur de   90ᵐ »

Rue Champlouis, sur toute sa longueur de. . . . . . .   260 »

Avenue Darblay, sur toute sa longueur de. . . . . . .   120 »

Rue de Seine, sur toute sa longueur de. . . . . . .   85 »

Rue de la Gare, sur toute sa longueur de. . . . . . .   70 »

Quai de la Pêcherie, sur une longueur de. . . . . . .   225 »

Rue du Chemin-de-Fer, sur une longueur de. . . . . . .   40 »

Avenue de Saint-Jean, sur toute sa longueur de. . . . .   300 »

Avenue de Chantemerle, sur toute sa longueur de. . . . .   120 »

Au total. . . . . . .   1.310ᵐ »

Le quai de la Pêcherie, la rue du Chemin-de-Fer et l'avenue de Chantemerle ne sont plantés que d'un côté.

La largeur des voies ci-après permettrait d'y établir des plantations :

Rue Feray, de la place Salvandy à l'Essonne, des deux côtés, sur une longueur de 160 mètres ;

Sentier du Canal de Châteaubourg, un seul rang, sur une longueur de 100 mètres.

Le prix de revient d'une plantation faite de chaque côté d'une rue est de 1 fr. 20 par mètre courant.

NOTE. — Depuis 1878, le quartier neuf dit de la Prairie s'est considérablement agrandi, et presque tous les terrains mis en vente par M. Feray sont aujourd'hui construits. Par suite de l'acquisition faite ces dernières années, par M. Darblay, des propriétés de Chantemerle, de Saint-Jean et du Laminoir, de nouvelles rues ouvertes par lui établissent entre Corbeil et Essonnes des communications plus faciles qu'autrefois, mais occasionneront nécessairement pour la Ville, dans un avenir prochain, un surcroît de dépenses considérables d'entretien et de cantonniers supplémentaires, ainsi que la création de nouveaux bureaux d'octroi.

Le Conseil municipal a fait dernièrement l'acquisition du terrain de l'ancien canal de Châteaubourg, comblé par M. Darblay, et qui faisait partie de l'ancienne propriété de Chantemerle.

La vente a été réalisée aux conditions suivantes :

7.781 mètres de terrain inaliénable, destiné à être converti en promenade publique, au prix de 3 fr. le mètre, comblement et nivellement compris . . . . 23.352 fr.

Raccordements des rues aux frais de M. Darblay.

Création par la Ville d'un chemin en terre de 4 m. 50 de largeur de chaussée, dans la longueur, à prendre sur les 7.781 mètres ci-dessus.

La somme ci-dessus, payable moitié en 1896 et moitié en 1897, sans intérêts, ou en plusieurs années avec intérêts à 5 p. 0/0.

Dans le même acte de vente est stipulée également la vente faite, par M. Darblay à la Ville, d'un autre terrain de 1.229 m. 92 situé rue du Champ-d'Épreuves, au prix de 4 fr. le mètre, soit . . . . 4.919 fr. 68

Ce terrain, qui sera utilisé en dépôt de matériaux, est, dans l'esprit du Conseil municipal, réservé pour l'avenir à la construction d'une école pour ce nouveau quartier.

Il y a lieu de signaler ici quelques changements apportés depuis peu, par le Conseil municipal, dans le nom de plusieurs rues de la Ville :

Rue Maurage (ci-devant rue du Temple).

Avenue du Président-Carnot (ci-devant rue Tandou), délibération du 3 août 1894.

Rue du Général-Lucotte (ci-devant rue du Chemin-de-Fer), délibération du 16 novembre 1894.

Rue Édouard-Petit (nouvelle rue), délibération du 20 décembre 1892.

Rue Audiffred-Bastide (ancienne rue St-Jacques), délibération du 6 décembre 1895.

§ 2. — Voirie vicinale

La voirie vicinale ordinaire comprend les chemins ci-après :

N° 1. — Chemin d'Ambreville, d'une longueur de. . . . . 260ᵐ »
N° 2. — Chemin du Bas-Coudray, d'une longueur de. . . . 150 »
N° 3. — Chemin du Perray, d'une longueur de. . . . . . 120 »
N° 4. — Chemin des Bas-Tarterets, d'une longueur de. . . 220 »
N° 5. — Chemin du Cimetière, d'une longueur de. . . . . 295 »
N° 6. — Rue Tandou, d'une longueur de. . . . . . . 816 »
N° 7. — Petite Montagne de Saint-Germain, d'une longueur de. . 206 »
N° 8. — Chemin de la Dauphine à la Seine, d'une longueur de. . 626 »

Au total. . . . . . . 3.523ᵐ »

Le chemin du Bas-Coudray est planté d'un côté sur toute sa longueur.

La rue Tandou est plantée des deux côtés sur toute sa longueur.

Le chemin de la Dauphine à la Seine est planté des deux côtés sur une longueur de 326 mètres.

Les autres chemins ne sont pas assez larges pour que l'on puisse y établir les plantations.

Les 5 centimes ordinaires affectés spécialement aux chemins vicinaux produisent environ. . . . . 1.000 »

Sur cette somme, il faut prélever le contingent de la ville dans les dépenses des chemins vicinaux de grande communication et d'intérêt commun, savoir :

Chemin de grande communication n° 31, de Ris au Bouchet. . . . . 50 »

Chemin de grande communication n° 33, de Corbeil à Mandres. . . . . 550 »

Chemin de grande communication n° 16, de Corbeil à Marolles-en-Hurepoix. . . . . 600 »

Chemin d'intérêt commun n° 21, de Corbeil à Mennecy. . . . . 400 »

Ce chemin est le seul qui ait une partie de son parcours sur le territoire de Corbeil.

Ensemble. . . . 1.600 » 1.600 »

Il reste pour les chemins ordinaires. . . . . . . 2.100 »

Cette somme est largement suffisante, les dépenses étant celles ci-
après :

Cantonnier et auxiliaire.	1.000 »
Droits de régie.	150 »
Matériaux.	1 200 »
ENSEMBLE.	2.350 »

NOTE. — En 1889, a eu lieu le déclassement des routes départementales voté par le Conseil général de Seine-et-Oise. Cette décision, qui a eu dans cette assemblée ses parti-sans et ses adversaires, a été très préjudiciable aux finances de la ville.

Voici les chiffres auxquels s'élève maintenant le contingent de la Ville, pour l'entre-tien des chemins vicinaux et des routes dénommées autrefois Routes départementales, et qui ont été rattachées à ce service :

En 1888 on payait 5.097 fr.

	En 1889	1890	1891	1892	1893	1894	1895
On a payé	13.637	13.659	14.590	12.978	12.420	12.010	11.639

Non compris les sommes ci-après, votées pour réfection de la chaussée de l'avenue Carnot (chemin vicinal ordinaire n° 6), savoir :

En 1889.	. .	5.000 »
1890.	. .	3.000 »
1891.	. .	3.500 »
1895.	. .	3.300 »
		14.800 »

(Voir tableau, Chap. IX.)

ARTICLE DEUXIÈME

QUAIS DE LA SEINE

Bien que les quais de la Seine dépendent de la grande voirie et relèvent du service de la navigation, il y a lieu de les relater ici, la commune de Corbeil étant intervenue par des subsides dans leur construction et intervenant encore dans leur entretien.

Les quais sont établis sur la rive gauche de la Seine. Leurs chaussées sont pavées. Ils traversent les embouchures de l'Essonne et diverses voies, au moyen de six ponts dont cinq en bois et un en maçonnerie.

La question de l'entretien de ces quais a été réglée par deux décisions du ministre des travaux publics en date des 21 juin 1852 et 31 octobre 1851, aux termes desquelles la ville de Corbeil est exonérée de toute participation à l'entretien des perrés, murs de quais, ainsi que des charpentes des ponts en bois, et sa part contributive dans l'entre-tien des chaussées est fixée au tiers de la dépense, sans toutefois que ce contingent puisse excéder la somme de 1.000 francs par année.

Mais, depuis plusieurs années, l'État ne consacre à cet entretien qu'une somme insignifiante, ou pour mieux dire il n'entretient plus ; et les ponts de l'Essonne sont arrivés à un tel état de vétusté, que, par un arrêté du maire de la ville de Corbeil en date du 15 août 1875, approuvé par M. le préfet de Seine-et-Oise le 15 octobre suivant, la circulation des voitures y a été interdite.

Cette situation est une cause de souffrance permanente pour les intérêts de la localité ; et, pour le faire cesser, le maire de Corbeil, procédant en exécution d'une délibération du conseil municipal, en date du 8 mars 1878, a, par une lettre du 5 avril 1878, offert au nom de la ville de se charger à l'avenir de l'entretien des chaussées, des quais et des charpentes des ponts, moyennant l'allocation immédiate par l'État d'une subvention de 30.000 francs, en insistant pour que, si l'État n'accepte pas cette offre, il exécute d'une manière effective l'engagement qu'il a pris d'entretenir les quais.

Le maire n'a pas encore reçu la réponse de M. le ministre des travaux publics.

NOTE. — La proposition dont parle la note ci-dessus ne paraît pas avoir eu de solution. La situation est restée la même, et l'herbe continue à croître sur les berges dans la traversée de la Ville. La plupart des ponts de bois ont été remplacés par des ponts en fer ; le seul pont de bois qui subsiste encore est celui de l'Arquebuse. Il est en fort mauvais état et est étayé de tous côtés. Il serait urgent de le remplacer par un pont en fer si l'on ne veut pas le voir s'écrouler un jour ou l'autre.

La Ville a obtenu la création d'un nouveau port (dit de Saint-Nicolas), ainsi que l'élargissement du chemin de halage sur 5 mètres de largeur et 800 mètres environ de longueur.

Il a été posé un parapet en bois dans la longueur du quai Saint-Nicolas ; la dépense en a été supportée par un particulier.

Une plantation de marronniers a été également faite sur ce quai, jusqu'à l'usine des Eaux.

ARTICLE TROISIÈME

ENLÈVEMENT DES BOUES

Pendant les années 1873-1874-1875, l'enlèvement des boues a été affermé moyennant une redevance de 150 francs par an à la charge du fermier.

A l'expiration du marché, une tentative d'adjudication n'a pas donné de résultat.

Suivant un marché du 2 novembre 1876, approuvé par le préfet de Seine-et-Oise et enregistré, le sieur Gaucher s'est engagé à enlever les boues en régie, moyennant 500 francs par mois, soit pour l'année. . . . . 6.000 »

Les frais de balayage, d'emmétrage et de nettoyage des boues s'élèvent à. . . . . 4.600 »

Le total de la dépense est de. . . . . 10 600 »

La vente des boues, en 1878, produira, en prenant le premier trimestre pour base d'évaluation, une somme d'environ. . . . . 3.600 »

La souscription des propriétaires pour le balayage s'élève à. . . . . 3.390 »

ENSEMBLE. . . . . 6.990 »   6.990 »

Le service entrainera une dépense de. . . . . 3 610 »

Le marché Gaucher expirera le 31 décembre 1879.

La municipalité se demande s'il ne serait pas possible de trouver un mode d'enlèvement moins onéreux ; si ce mode était trouvé, il resterait à négocier la résiliation du marché Gaucher.

NOTE. — On trouvera au tableau, chapitre IX, les dépenses annuelles relatives au balayage des rues et à l'enlèvement des boues.

Le dernier marché comprend maintenant l'enlèvement des boues dans toutes les rues du quartier de la Prairie (celles appartenant à la Ville), que ces rues soient empierrées ou non.

ARTICLE QUATRIÈME ET DERNIER

ÉGOUTS

La ville possède les égouts ci-après :

Un de 1 mètre 20 de hauteur, sur une longueur de . . .	150m .
Trois de 1 mètre de hauteur, sur une longueur ensemble de. .	110 .
Dix-sept de 10 à 50 cent. de hauteur, sur une longueur ensemble de.	680 .
LONGUEUR TOTALE	950m .

Il existe, en outre, dans la ville, dix-huit puisards destinés à absorber les eaux des chaussées où il n'y a pas d'aqueducs. Ces puisards sont dégagés par 1.250 mètres de tuyaux de drainage de 0m,11 et de 0m,15 de diamètre, conduisant les eaux à la Seine, à l'Essonne, ou au canal de Châteaubourg.

NOTE. — La suppression du canal de Châteaubourg, dans sa partie basse qui longe le mur de la Prison, a été réclamée par la Ville pour cause d'insalubrité et approuvée par le Conseil d'hygiène et l'administration supérieure. Cette suppression a amené les propriétaires du canal supérieur à le combler également. L'emplacement de ce canal supérieur, comme cela a été expliqué plus haut, a été acheté par la Ville pour en faire une promenade publique. Par suite de ce comblement, la Ville avait à se préoccuper de l'écoulement des eaux des riverains, ainsi que du petit égout venant de la rue des Petites-Bordes par la rue de la Gare. Le Conseil municipal a profité de cette circonstance pour commencer à mettre à exécution le projet, tant de fois réclamé, d'un réseau d'égouts destiné à recueillir toutes les eaux de la Prairie et les mener à la Seine. Le projet arrêté consiste à construire une première section partant de la rue de la Gare au point terminus de l'égout des Petites-Bordes, suivant la rue Champlouis, la rue des Petites-Bordes, la place de la République et venant aboutir à la Seine auprès du Moulin neuf.

Cet égout présente les sections suivantes :

Longueur	Hauteur	Largeur	Pente
402 mètres	1 m. 50	0,80 cent.	0,003 millim

Il a été calculé pour pouvoir être continué jusqu'au pont sur l'Essonne, avec une pente de deux millimètres par mètre.

Le prix d'adjudication, pour cet égout et pour l'égout qui a remplacé le canal entre la Prison et l'Ecole des filles, a été de 25.112 fr. 91, non compris les indemnités aux riverains, dont le compte n'est pas établi, mais qui ne seront pas au-dessous de 3.000 francs. Malheureusement, à ces dépenses viendront encore s'ajouter non seulement des plus values considérables pour le passage de l'égout au-dessous du petit bras de la rivière, rue des Petites-Bordes, mais encore des frais élevés qui résulteront du tassement d'une maison rue des Petites-Bordes, ce qui a entraîné un procès actuellement soumis à la lente juridiction du Conseil de préfecture.

En ce moment, on achève la construction d'un grand égout, dans la rue de Seine, recevant les eaux de la Compagnie du chemin de fer, qui a contribué pour une somme de 6.000 fr. dans la dépense évaluée à 18.300 fr.

CHAPITRE TROISIÈME

SERVICE DES EAUX

La première proposition faite pour l'établissement d'une distribution d'eaux à Corbeil date de 1859 ; avant cette époque, les habitants puisaient l'eau directement, soit dans la Seine, soit dans les puits de leurs cours ou jardins, soit dans l'Essonne. Il résulte des renseignements recueillis, qu'à cette époque l'eau de l'Essonne était encore potable, et qu'on pouvait impunément se baigner dans cette rivière, pratique à laquelle les habitants d'Essonnes et de Corbeil ont dû renoncer depuis quelques années.

En 1859, à la suite d'observations du corps médical, attribuant la fréquence des épidémies cholériques et typhoïdes à l'absence d'un service d'arrosage régulier, M. Paul Darblay, maire de Corbeil, proposa au conseil municipal l'établissement d'une distribution d'eau de Seine. Dans la séance du 29 mai 1859, M. le maire exposa qu'un entrepreneur pour lequel il se portait fort s'engagerait à livrer à la ville 800 mètres cubes d'eau par 24 heures, pendant 15 années, au prix de 1,200 francs par an. M. le maire évaluait les dépenses de première installation à 10,000 francs, et il ajoutait : « Par suite de ces conditions, l'administration pourra livrer l'eau aux particuliers au « prix de 10 centimes le mètre cube, soit environ le tiers de ce que coûte à Paris de « l'eau de mauvaise qualité, tandis qu'à Corbeil ce serait de l'eau de Seine qui serait « distribuée. »

Dans la séance du 2 décembre 1859, le maire déposa sur le bureau le devis de la distribution des eaux, s'élevant à 50.000 francs.

Ce devis et cahier des charges comprend une estimation des dépenses ; il paraît avoir comporté une grande latitude dans l'exécution, car il mentionne l'établissement de quatre réservoirs, sans indiquer ni leur capacité ni leur emplacement. Mais M. Darblay nous assure qu'il était accompagné de plans et métrés réguliers. Il ne porte pas la signature d'un homme de l'art, mais il est visé par le maire, qui déclare que ce document est l'œuvre de M. Barthélemy, géomètre à Corbeil. Il a été approuvé par M. le préfet de Seine-et-Oise le 31 décembre 1861. — Une délibération antérieure du conseil municipal, en date du 11 août 1861, autorisait l'achat d'un terrain pour l'établissement d'un réservoir dans la côte de Saint-Germain ; c'est le réservoir inférieur actuel.

Le 15 janvier 1862, M. le maire annonçait au conseil municipal que le projet de distribution des eaux allait prochainement recevoir son exécution ; et dans la même séance le conseil adoptait les propositions du maire pour le tarif des concessions d'eau.

Le 5 mars 1862, à la suite d'une tentative infructueuse d'adjudication, le conseil municipal approuvait la soumission présentée par M. Martin, plombier à Corbeil, pour l'exécution du projet avec un rabais de 60 centimes par 100 francs.

Le 11 avril 1862, M. Paul Darblay, maire de Corbeil, présentait, et le conseil municipal approuvait un marché passé avec M. Darblay jeune pour le service élévatoire. Un moteur hydraulique situé dans le moulin de la Boucherie devait élever 800 mètres cubes d'eau par 24 heures dans un réservoir situé au sommet dudit moulin, à 15 mètres au-dessus de l'étiage de la Seine. Le traité était passé pour 15 années et le prix alloué à l'entrepreneur était de 1.200 francs par an. M. Darblay se réservait de prendre de l'eau sur la conduite pour ses besoins particuliers, mais sans diminuer la quantité fournie à la ville. Le réservoir de la Boucherie ne pouvait faire face qu'à un service très restreint, et la distribution ne comprenait alors qu'une petite partie de Corbeil.

Le 20 mars 1863, ce traité subissait une modification peu importante ; c'est lui qui est désigné, dans les documents ultérieurs, sous le nom de marché du 15 ou du 20 mars 1863.

Les travaux paraissent avoir été exécutés en 1862 et 1863. Dans la séance du 28 novembre 1864, le maire présentait au conseil municipal le compte des travaux exécutés par le sieur Martin, et annonçait que ces travaux avaient été reçus provisoirement par le voyer de la ville.

Le 29 mai 1865, le conseil municipal pourvoyait à l'entretien des conduites, en approuvant un traité par lequel le sieur Martin s'engageait à exécuter cet entretien moyennant une allocation annuelle de 3,000 francs, fixée à forfait.

L'alimentation par le moulin de la Boucherie paraît avoir fonctionné jusqu'en 1865, époque à laquelle le système d'alimentation d'eau de la ville de Corbeil subit d'importantes modifications.

Le 7 juin 1865, le conseil municipal approuvait la création, dans les terrains du nouvel hôpital, d'un réservoir dont la dépense, estimée 7,517 fr. 96 cent., restait à la charge de l'hôpital ; c'est le réservoir inférieur actuel.

Dans la séance du 20 novembre 1865, on présentait au conseil municipal un projet de traité par lequel M. Darblay proposait de remplacer le réservoir de la Boucherie par celui de l'hôpital, et d'alimenter ce dernier par une machine à vapeur de 6 chevaux, aspirant l'eau, par une pompe à deux corps, dans un puisard situé au pied du coteau de l'hospice, et l'élevant dans le réservoir de l'hôpital. Cette machine utiliserait les chaudières destinées au chauffage de l'hospice à la vapeur. Une allocation supplémentaire de 5 centimes par mètre cube d'eau élevé était accordée à l'entrepreneur pour toute quantité excédant 800 mètres cubes par jour. M. Darblay demandait en outre à être déchargé de l'exécution de son marché de 1863.

La commission nommée pour examiner ce projet présentait, dans la séance du 21 novembre 1865, un rapport concluant à l'approbation, et le conseil se montrait disposé à en adopter les conclusions, sous la réserve que, si les abonnés réclamaient de l'eau de Seine, M. Darblay serait tenu de leur donner satisfaction. Mais c'est seulement dans la séance du 12 janvier 1866 que le conseil municipal, à l'unanimité moins une voix, approuvait définitivement le nouveau traité ; il votait en même temps l'extension du réseau des conduites, de manière à assurer à toute la ville les avantages du service des eaux. On ajoutait au marché une clause en vertu de laquelle la force de la machine de l'hospice était portée à 10 chevaux ; mais M. Darblay se réservait de rétablir, à l'expiration de son marché, une machine de 6 chevaux qui serait abandonnée à l'hospice.

La machine hydraulique du moulin de la Boucherie était réservée dès lors à l'alimentation de Saintry. Par un traité sans date passé entre le maire de Corbeil et le maire de Saintry, et approuvé par M. le préfet le 16 décembre 1863, le maire de Corbeil s'engageait au nom de la commune à exécuter les travaux nécessaires pour conduire les eaux jusqu'à Saintry, et à délivrer des concessions aux habitants de cette localité. Le traité spécial passé à cet effet avec l'entrepreneur Martin a été approuvé par une délibération du conseil municipal de Corbeil, en date du 9 décembre 1864, et par un arrêté préfectoral du 16 décembre 1864.

Le 12 juin 1868, le conseil municipal autorisait l'achat, pour le prix de 1.650 fr., d'une bande de terrain de 55 ares 57 centiares, formant la totalité du chemin entre la rue du Bas-Coudray et la Seine, reliant l'hospice à la berge de la Seine, et destinée à mettre le puisard de la pompe à vapeur de l'hospice en communication directe avec la Seine. Mais cette communication ne paraît pas fonctionner d'une manière satisfaisante.

Le 20 mai 1872, le conseil municipal approuvait l'allocation au voyer de la ville d'une somme de 195 francs pour le dessin du plan général d'exécution du système des conduites.

Le 20 avril 1877, le conseil municipal votait l'achat d'un terrain pour l'établissement d'un réservoir à Saint-Germain. Nous ne trouvons aucun projet à l'appui, et le registre des délibérations ne fournit aucune indication sur les circonstances qui rendent cet achat nécessaire, ni sur les considérations qui décident le conseil municipal à l'approuver.

Enfin la série de ces documents se clôt par une délibération du 29 mai 1877, fixant désormais le minimum des concessions d'eau à un mètre cube par jour, et prorogeant jusqu'au 1er septembre 1878 le traité passé avec M. Darblay jeune, traité qui expirait le 1er janvier de la même année.

Telles sont les phases principales par lesquelles a passé la question des eaux de Corbeil. L'historique que nous venons de vous exposer est plutôt celui des délibérations du conseil municipal que celui de la distribution d'eau proprement dite ; ainsi présenté, il est nécessairement confus et incomplet, comme le sont les documents qu'il résume. Nous ne trouvons en effet, à l'appui des modifications successives apportées au système d'alimentation, aucun mémoire spécial faisant connaître l'état de choses existant et les raisons d'être de la modification proposée. Le registre ne contient des détails suffisants à cet égard qu'en ce qui concerne les marchés passés avec M. Darblay jeune, pour l'alimentation proprement dite ; mais en ce qui concerne l'exécution des travaux, et notamment des réservoirs, l'absence de projets, mémoires à l'appui, journaux d'exécution, ou de pièces pouvant en tenir lieu, nous met dans l'impossibilité de fournir des détails plus étendus que ceux qui précèdent.

Quoi qu'il en soit, si nous laissons de côté toute énumération chronologique, le système de la distribution des eaux de Corbeil nous offre actuellement les dispositions suivantes :

Les eaux sont prises dans un puisard creusé au pied du coteau de l'hospice, et qui paraît alimenté en partie par les infiltrations de la Seine, en partie et pour la plus grande part par les sources qui émergent au pied du coteau.

Ces eaux sont élevées par une pompe à deux corps de $0^m,50$ de diamètre et de $0^m,50$ de course, par une machine à vapeur de la force de 10 chevaux, dans un réservoir enterré situé sur la plate-forme de l'hospice. Ce réservoir est le seul qui soit alimenté par la conduite de refoulement ; les autres sont en communication avec les conduites de distribution.

Un contre-réservoir recevant le trop-plein du premier réservoir de l'hospice alimente une conduite spéciale se dirigeant vers Essonnes par la rue de Gournay.

L'ensemble des réserves comprend deux étages de réservoirs dont les trop-pleins sont établis, pour l'étage supérieur à $25^m,55$ environ au-dessus de l'étiage de la Seine, pour l'étage inférieur à 17 mètres environ au-dessus dudit étiage.

L'étage supérieur comprend :

    1° Le réservoir supérieur de l'hospice, d'une capacité utile de 150^{mc}

    2° Le réservoir supérieur de Saint-Germain, d'une capacité de 51^{mc}

L'étage inférieur comprend :

    1° Le réservoir inférieur de l'hospice, d'une capacité de . . 500^{mc}

    2° Le réservoir inférieur de Saint-Germain, d'une capacité de 55^{mc}

    3° Le réservoir de la Quarantaine, monté sur tour en maçonnerie, et d'une capacité de . . . . 25^{mc}

                           Total . . . . 879^{mc}

Les réservoirs de l'étage inférieur sont restés plusieurs années sans être utilisés ; ils ont été récemment pourvus, par les soins et aux frais de M. Darblay, de clapets automatiques destinés à permettre de faire un service à basse pression, lorsque les réservoirs sont épuisés ou lorsque les conduites sont affamées.

M. Darblay possédait en outre, pour son service particulier, un réservoir situé dans les bâtiments du moulin, et dont l'usage était gratuit. M. Darblay déclare avoir renoncé à cet usage.

Mais il s'en faut de beaucoup que la réserve effective corresponde au volume des réservoirs. Le réservoir inférieur de l'hospice n'est plus utilisé ; nous avons visité à plusieurs reprises le réservoir supérieur et le réservoir inférieur de Saint-Germain, que nous avons trouvés complétement vides aux heures où ils devraient fonctionner ; nous ferons connaître plus loin les raisons de cette anomalie.

La commune de Saintry, dont le service est fait par la ville de Corbeil, possède néanmoins une alimentation distincte. Les eaux, puisées dans la Seine par une pompe située dans le moulin de la Boucherie et mise en mouvement par une roue hydraulique, sont refoulées par une conduite spéciale dans un réservoir en tôle situé près de la route départementale n° 51, et dont le trop-plein est à la cote 58^m,65 au-dessus de l'étiage de la Seine. Un compteur du système Bonnefond, appartenant à la ville de Corbeil, permet ou devrait permettre de mesurer la quantité d'eau envoyée à Saintry. Cet appareil a probablement besoin d'être nettoyé, car nous avons reconnu, dans diverses visites, qu'il a cessé de marquer.

La conduite maîtresse des eaux de Corbeil part du réservoir supérieur de l'hospice, descend la côte de Nagis (route nationale n° 191), et se dirige vers le centre de la ville par la rue Tandou. La plupart des conduites des rues de la ville ont 0^m,08 de diamètre.

L'ensemble de la canalisation comprend :

1.112 mètres de conduites de	0^m,125
11.369 mètres de conduites de	0^m,080
985 mètres de conduites de	0^m,068
75 mètres de conduites de	0^m,010

TOTAL. . . 13.539 mètres de conduites en fonte, y compris la conduite de Saintry.

Cette longueur ne comprend ni le bout de conduite de 0^m,20 partant du réservoir de l'hospice, ni la conduite de 0^m,19 et 0^m,125 allant à Saint-Germain, lesquelles ont été établies aux frais de M. Darblay jeune. Le réservoir supérieur de l'hospice, qui ne figure pas dans les comptes des fournisseurs de la ville, a également été établi par M. Darblay en remplacement du réservoir inférieur.

Le service des rues est fait par 35 bornes-fontaines et 11 bouches d'arrosage.

D'après les relevés faits par M. Lambert, adjoint au maire, et ancien voyer, la ville aurait payé à ce jour, pour ces divers travaux, une somme de. . 104.357 fr. 25

M. Darblay jeune réclame en outre le remboursement de ses avances pour diverses dépenses supplémentaires relatives aux travaux de canalisation, et qui s'élèvent à . . . . 22.367 fr. 30

Ce qui pourra porter la dépense totale à . . . . 126.724 fr. 55

Le nombre des abonnés est de 217 à Corbeil-Essonnes, et de 57 à Saintry.

Le volume d'eau concédé est de 265 mètres cubes à Corbeil-Essonnes, et de 69 mètres cubes à Saintry.

On peut estimer en outre à 150 mètres cubes d'eau par jour le débit des bouches d'arrosage et des bornes-fontaines.

La consommation de la ville de Corbeil serait, d'après ce qui précède, de 410 mètres cubes d'eau, non compris Saintry; mais nous estimons, d'après la marche de la machine à vapeur et les constantes de la pompe, qu'en fait, l'alimentation n'atteint pas ce chiffre; d'où il résulte qu'à Corbeil, comme ailleurs, s'il y a quelques abus parmi les abonnés qui possèdent un jardin, les abonnés plus nombreux qui n'en possèdent pas sont loin de dépenser le volume d'eau qui leur est concédé.

Le marché Darblay jeune expire le 1er septembre 1878. L'administration municipale pourvoira, avec l'approbation du conseil, aux mesures nécéssaires pour que le service des eaux ne subisse aucune interruption.

NOTE. — Ce service est celui qui a coûté le plus cher à la Ville et, malgré les améliorations continuelles qui y sont apportées, il est encore loin d'atteindre la perfection.

On peut se rendre compte, par l'exposé ci-dessus, des diverses phases et des tâtonnements par lesquels a passé son installation

En 1892, le conseil municipal affecta à l'installation d'un nouveau service d'élévation une somme importante qui sera détaillée plus loin.

Le but proposé était celui-ci :

Organiser un service d'eau indépendant de l'Hospice ;

Remplacer les anciens appareils usés appartenant à l'Hospice, et dont l'entretien coûtait fort cher à la Ville, par des machines neuves consommant moins de combustible, tout en augmentant le volume d'eau à élever avec une pression supérieure ;

Enfin, essayer d'obtenir une eau de Seine non contaminée, au moyen d'un bassin filtrant identique, toutes proportions gardées, à celui du tunnel de M. Darblay.

Afin de réduire à son minimum la force dépensée pour l'aspiration, les machines ont été installées au bord de la Seine. Une nouvelle conduite spéciale relie provisoirement le bassin au réservoir supérieur de l'Hospice, en attendant la construction d'un nouveau réservoir, et un avertisseur électrique indique le plein et le vide du réservoir. Quant à la galerie filtrante, elle a occasionné une véritable déception ; par suite de phénomènes physiques trop longs à décrire ici, et qui ont fait l'objet d'un rapport d'ingénieur, l'eau de Seine n'y arrive qu'en petite quantité. Ce sont des sources très profondes qui y sont attirées et qui entrent actuellement pour les 3/4 dans l'approvisionnement d'eau. Des analyses chimiques et des examens microscopiques répétés ont démontré qu'au point de vue bactériologique, ces eaux de source sont bien préférables à l'eau de Seine et nullement nuisibles à la santé publique.

Les chaudières et la machine à vapeur système Weyher et Richemond de 25 chevaux, force nominale, et 14 chevaux en force utile, ainsi que la pompe système Girard, ont été fournies au concours par la maison Feray et Cie, de Chantemerle.

Le cahier des charges porte que les machines devront pouvoir élever 1.500 mètres cubes d'eau par 12 heures (soit 126 mètres cubes à l'heure) à une altitude de 6 mètres environ au-dessus du réservoir supérieur de l'hospice, la consommation de charbon ne devant pas dépasser 1 kg. 90 par cheval et par heure.

En prévision de l'établissement d'un réservoir devant contenir 12 à 1.500 mètres, destiné à assurer une pression supérieure à celle actuelle, et aussi pour n'avoir plus à payer 1.000 fr. par an à l'Hospice pour la location de son réservoir, le Conseil municipal a inscrit sur le budget de 1896 une somme de 25.000 francs et a fait l'acquisition d'un terrain situé au-dessus de l'Hospice.

Cette somme ne sera sans doute pas suffisante, mais la construction de ce réservoir s'impose ; autrement il eût été tout à fait inutile de faire une telle dépense d'installation d'eau.

Les dépenses pour cette installation se résument ainsi :

Achat d'un terrain au bord de la Seine, 3.252 mètres à 1 franc. . .	3.252 »
Bâtiments des machines et du chauffeur	27.007 92
Galerie filtrante.	12.122 90
Canalisation de 0,300	13.928 75
Machine et pompe	33.650 »
Avertisseur électrique	1.000 »
Divers	1.483 29
TOTAL.	92.441 86
Achat du terrain pour le réservoir, environ.	500 »
	92.941 86

La consommation d'eau, qui en 1878 était de 410 mètres et qui paraissait exagérée, atteint aujourd'hui 1.000 à 1.200 mètres par jour.

Jusqu'en 1886 l'eau était fournie moyennant 30 fr. par an. Ce système avait l'inconvénient, déjà signalé en 1878, de permettre à des abonnés peu scrupuleux de gaspiller leur eau sans cependant payer plus que les autres abonnés, et par suite beaucoup de ces derniers se plaignaient avec raison de manquer d'eau constamment. Afin de remédier à cet état de choses, des compteurs ont été imposés à partir de 1887. Aujourd'hui l'eau ne manque pour ainsi dire jamais et la pression est régulière.

Afin de se récupérer de ses frais élevés de pose et d'entretien de conduites d'eau pour alimenter des abonnés dont la consommation est loin de couvrir ces frais, la Ville a imposé un minimum de consommation fixé à 18 francs, le prix de l'eau étant établi à 15 centimes le mètre cube.

Le nombre des appareils de distribution est actuellement :

Bornes permanentes . . .	14
Bornes intermittentes. . .	13
Bouches d'arrosage . . .	46
Bouches à incendie . . .	18
Robinets-vannes	17

Cet important service des eaux manque de direction. Des abus, des tolérances envers certains abonnés et des irrégularités dans la vérification des compteurs exigeraient une surveillance plus complète et surtout plus sévère.

Le nombre des abonnés est, au 31 décembre 1895, de 360.

Depuis 1890, la Ville a cessé de fournir l'eau à la commune de Saintry.

CHAPITRE QUATRIÉME

ECLAIRAGE

La ville de Corbeil est éclairée par 151 lanternes à gaz et par 15 lanternes à pétrole.

L'éclairage au gaz est fait par l'usine à gaz de la Société Béglet et Cⁱᵉ, en vertu d'un traité du 20 novembre 1860, qui expirera le 31 décembre 1880.

L'article 18 de ce traité porte que, deux ans avant son expiration, chacune des parties devra faire connaître à l'autre son intention de le renouveler ou non. — Le Conseil aura à résoudre cette question avant le 1ᵉʳ janvier 1879. — Ce sera une occasion pour examiner la question du remplacement des lanternes à pétrole par un même nombre de lanternes à gaz, remplacement qui occasionnerait une dépense de 8,900 fr., suivant un devis fourni par M. Béglet.

Sur les 151 lanternes à gaz, 16 sont allumées tous les jours; les 135 autres sont allumées dans des conditions de jours et de durée convenues avec l'entrepreneur.

Le prix du mètre cube de gaz passant au compteur, fixé à 0 fr. 50 par le traité, a été réduit depuis à 0 fr. 30 pour les établissements municipaux.

Pour les lanternes publiques, le prix est de 0 fr. 0425 par lanterne et par heure.

L'éclairage de la ville a coûté, en moyenne, pendant les cinq dernières années, 11.516 fr. 66 par an.

NOTE. — Le traité du gaz dont il est parlé ci-dessus a été renouvelé le 27 décembre 1878 à M. Béglet. Il a été consenti pour 30 ans et renferme des clauses absolument désavantageuses pour la Ville et pour les abonnés. C'est la plus grande faute commise par le Conseil municipal de cette époque. Aujourd'hui, la Ville a les mains liées et encore pour de nombreuses années (14 ans); le prix du gaz n'est plus en rapport avec les progrès accomplis depuis 10 ans dans l'industrie du gaz, et une clause restrictive livre entièrement la Ville à la merci de la Société du gaz, pour l'éclairage à l'électricité.
Le nombre de lanternes à gaz est, à ce jour, de 192 brûlant jusqu'à minuit, plus 23 brûlant toute la nuit.
Voir au chapitre IX le tableau de la consommation de gaz pour l'éclairage municipal.

CHAPITRE CINQUIÈME

PORTS

L'État, propriétaire des rivières navigables, autorise les communes riveraines à établir des ports pour le dépôt des matériaux et marchandises, et à percevoir les droits afférents à ces dépôts.

C'est ainsi que la ville de Corbeil a la jouissance de quatre ports sur la Seine, tous situés sur la rive droite.

Ce sont, d'amont en aval :

Le port de la Pêcherie, d'une superficie de. . , . .	2.500ᵐ »
Le port des Gendarmes, d'une superficie de.	550 »
Le port des Boulangers, d'une superficie de.	650 »
Le port des Marines, d'une superficie de.	1.800 »
Total de la superficie des quatre ports . . .	5.500ᵐ »

La perception des droits a lieu sur un tarif approuvé par le préfet de Seine-et-Oise le 22 novembre 1856. — Elle est confiée à M. Hosdez, ancien secrétaire de la mairie, moyennant une remise de 10 pour 100.

Le produit moyen, pour les quatre dernières années, est de 2.801 fr. 25. — C'est une branche de recette qui va toujours en décroissant.

Lors de la création du port de la Pêcherie, en 1818, il a été séparé de la route départementale ou quai de la Pêcherie, par une barrière en bois percée de trois entrées.

Cette barrière est entièrement pourrie; les arbres plantés sur le port, il y a quelques années, sont assez gros, maintenant, pour qu'on puisse faire disparaître ce qui reste de la barrière ; on pourrait peut-être, au moyen d'une entente avec le service des ponts et chaussées, établir un promenoir avec quelques bancs, dont ces arbres formeraient la ligne médiane.

NOTE. — Des difficultés se sont élevées il y a quelques années au sujet de la perception des droits de ports. La question est pendante devant les Tribunaux. Il y a lieu de croire que la Ville, ainsi que d'autres communes où les droits de ports sont contestés, obtiendront gain de cause.

Depuis peu la Ville est en possession du décret rendu le 20 novembre 1895, homologué par l'arrêté préfectoral en date du 16 avril courant, qui l'autorise, pour l'avenir, à percevoir ces droits sans contestation ; malheureusement, les conditions dans lesquelles le tarif est applicable ne font pas prévoir que la recette puisse être augmentée.

Un nouveau port a été créé il y a deux ans en face la rue St-Nicolas, dont il porte le nom. En outre des ports désignés ci-contre et du nouveau port St-Nicolas, il existe plusieurs quais et berges sur lesquels sont perçus des droits de stationnement.

CHAPITRE SIXIÈME

HOPITAL-HOSPICE — ORPHELINAT — BUREAU DE BIENFAISANCE

—

ARTICLE PREMIER

HOPITAL-HOSPICE

L'hôpital-hospice a été fondé par MM. Galignani, dont il porte le nom. — Son inauguration a eu lieu le 7 novembre 1866.

La commission administrative est composée du maire, du curé-doyen et de cinq membres nommés par le préfet ; — le maire en est le président de droit ; — en son absence il est remplacé par un des membres de la commission, nommé par ses collègues, qui a le titre de vice-président.

Les recettes ordinaires en 1877 ont été les suivantes :

Rentes sur l'État.	11.211 »
Rentes sur le Crédit foncier	5.325 »
Journées de malades.	5.596 »
Pensions de vieillards	25.809 25
Total	48.911 25

Les dépenses ordinaires pendant la même année ont été de 47.075 francs.

Il y a eu, en outre, des recettes et des dépenses extraordinaires considérables, à cause des versements de M. Galignani pour la construction de l'orphelinat.

NOTE. — L'équilibre du budget de l'Hospice a toujours été difficile à obtenir. C'est pour ce motif que la Commission administrative de l'Hospice a dû porter de 1 fr. 50 à 2 francs les journées de malades, les dépenses de toute nature, celles de nourriture notamment, ayant beaucoup augmenté depuis quinze ans.

L'année dernière, une annexe a été construite à l'une des ailes du grand bâtiment; la dépense (26.000 fr. environ) a été couverte presque entièrement par un secours de l'État, provenant du pari mutuel des courses.

L'Hospice possède maintenant une étuve à désinfecter.

ARTICLE DEUXIÈME

ORPHELINAT

L'orphelinat, construit sur un terrain situé rue de Champlouis, acquis de M. Feray, est dû, comme l'hospice et l'école des filles, à la munificence de M. Galignani, dont il porte le nom.

Cet établissement, qui fonctionnera vers la fin de l'année, sera dirigé par des sœurs.

Il comprendra :

Un ouvroir ou atelier d'apprentissage, et une école publique gratuite congréganiste de filles.

Il est créé comme annexe de l'hôpital-hospice de Corbeil, et administré par la Commission dudit hôpital.

Les statuts ont été arrêtés par la Commission administrative de l'hospice, dans sa séance du 16 avril 1877, approuvés par le Conseil municipal le 20 du même mois, et revêtus de l'approbation préfectorale le 4 juillet suivant.

L'ouverture de l'école des filles a été autorisée par le Conseil départemental de l'instruction publique le 5 novembre 1877.

Le personnel de l'établissement se composera de quatre sœurs, un homme et une femme de service.

L'établissement comprendra 50 places, sauf extension possible, 25 pour chaque sexe.

Il recevra les enfants des deux sexes à partir de six ans. — Les garçons y resteront jusqu'à douze ans environ ; les filles jusqu'à dix-huit ans.

La gratuité est stipulée en faveur des enfants pauvres, orphelins ou abandonnés, des communes de Corbeil, Étiolles, Soisy-sous-Étiolles.

Seront seuls admis : les orphelins de père ou de mère (à plus forte raison les orphelins de père et de mère).

Les filles de la ville pourront être admises à l'ouvroir de douze à quinze ans ; elles auront à payer une rétribution mensuelle de 5 francs.

À partir de quinze ans, le travail sera rétribué selon son importance.

NOTE — Jusqu'en 1891 l'Orphelinat, dirigé par des sœurs de St-Vincent de Paul, n'avait eu à subir aucun changement, et sa situation financière était relativement bonne. Mais dans le courant de 1891, grâce à la faiblesse des uns et à la complaisance des autres, une modification subite s'est opérée dans cet établissement.

Les 180 élèves qui fréquentaient cette école *communale* ont pu être pour ainsi dire enlevées et dirigées sur une école congréganiste libre, également dirigée par les mêmes sœurs de Saint-Vincent-de-Paul, école fondée par un comité de personnes cléricales de la Ville, et ayant à sa tête le curé de Corbeil.

L'ouvroir lui-même avait été supprimé, mais depuis il a été rétabli. Malgré cette sorte de concurrence organisée contre l'Orphelinat et contre laquelle plusieurs membres de la Commission de l'Hospice ont protesté énergiquement, il est à présumer que cet établissement, dû à la libéralité de MM. Galignani, ne périclitera pas.

Néanmoins, pendant plusieurs années, le budget de la Ville aura certainement à supporter la charge de subventions qui lui seront nécessaires.

ARTICLE TROISIÈME ET DERNIER

BUREAU DE BIENFAISANCE

Le bureau de bienfaisance est composé de cinq administrateurs nommés par le préfet, et du curé-doyen, sous la présidence du maire, ou d'un adjoint spécialement délégué.

Douze dames de charité sont adjointes au bureau.

Il y a également une sœur des pauvres, qui est maintenant la supérieure de l'orphelinat. — Elle a un caractère plus officiel que les dames de charité ; elle remplit les mêmes fonctions, mais son service est de tous les jours.

À chaque trimestre, la commission se réunit avec les dames de charité et la sœur des pauvres. Elle procède dans cette séance à la confection de la liste des indigents qui doivent recevoir des secours en nature, tels que pain, viande et fagots, le lundi de chaque semaine.

Le service d'hiver commence le 1ᵉʳ lundi de novembre, le service d'été le 1ᵉʳ lundi de mai. — En été les secours sont généralement restreints.

Le nombre des indigents inscrits sur la liste est en moyenne de 75. Il est augmenté temporairement en faveur d'ouvriers malheureux.

En cas de maladie, les inscrits ont droit à la fourniture gratuite des médicaments.

Tous les ans, au mois de décembre, les fournitures de vivres et de chauffage pour l'année suivante sont adjugées sur soumissions cachetées.

Les médecins de la ville font le service des pauvres sans recevoir aucune rétribution du bureau.

Les médicaments sont fournis à tour de rôle par les trois pharmaciens de la ville, chacun pendant une année ; il y a un tarif spécial arrêté par le préfet.

Le bureau de bienfaisance place des orphelins, ou des enfants de parents très pauvres, dans des maisons hospitalières, moyennant la somme de 210 francs par année.

Il paye les apprentissages d'enfants, moyennant 5 francs par mois, et fournit en outre à ces enfants, chaque semaine, le maximum des secours en pain, viande et chauffage ; ce maximum est évalué à 120 francs par année.

Au commencement de chaque hiver, le bureau de bienfaisance distribue des chaussures aux enfants pauvres ; à cette occasion les recommandations les plus vives sont faites aux parents d'envoyer leurs enfants à l'école.

Les dames de charité ont un ouvroir à l'orphelinat, dans les bâtiments de l'ancien hospice, et sous la garde de la supérieure de l'établissement. Elles y confectionnent des vêtements de toute sorte pour les malheureux ; elles prêtent du linge, des layettes ; le plus souvent elles donnent ces dernières.

Pendant l'exercice 1877, les recettes du bureau de bienfaisance ont été les suivantes :

Rentes sur l'État.	6.871 »
Produits éventuels (collectes, dons et droits sur les théâtres et les bals).	2.152 »
Ensemble.	9.525 »

En outre, le bureau a perçu 5.095 fr. 71 c. pour le tiers lui revenant dans le produit des concessions de terrain au cimetière communal ; mais cette dernière recette n'alimente pas directement le budget ; elle est convertie en rentes sur l'État.

Les dépenses ont excédé les recettes de 1.050 francs. — Ce résultat se reproduit presque tous les ans. — Le déficit est plus ou moins élevé, suivant qu'il a été accordé plus ou moins de secours temporaires.

NOTE. — Depuis 1888, le Bureau de bienfaisance a été en quelque sorte laïcisé, d'accord avec l'Administration supérieure.

Le Curé, la Sœur et les Dames patronnesses n'en font plus partie.

Le Bureau de bienfaisance est administré par 6 membres, sous la présidence du Maire. Leur dévouement suffit à distribuer aux indigents les secours de toutes sortes qui leur sont alloués.

Chaque hiver, fonctionne un fourneau économique où a lieu chaque jour une distribution de bouillon.

Le nombre des indigents inscrits au Bureau de bienfaisance était, au 31 décembre dernier, de 86 ; en plus de ce chiffre, 210 ont reçu pendant l'année des secours médicaux, de logement, etc., etc.

Le montant des recettes pendant l'exercice 1895 s'est élevé :

En rentes sur l'État	8.497 »
Droits de pauvres	1.058 75
Dons, quêtes, souscriptions diverses	2.843 05
Intérêts des fonds placés au Trésor	116 76
La part lui revenant dans le produit des concessions au cimetière . .	1.828 47
	14.311 03

Dons et legs. — Il y a lieu de mentionner ici :

1° Un don spécial (dit legs Charles) produisant une rente de 410 francs destinée à être employée en indemnités de logement aux indigents ; Mlle Charles avait légué à la Ville deux immeubles situés rue St-Spire, mais dont les réparations et l'entretien auraient été une charge pour la Ville. Après entente avec l'exécuteur testamentaire, ces immeubles ont été mis en vente et le produit affecté à la destination stipulée par la donatrice ;

2° Le legs Maurage. — M. Maurage, en 1886, a donné à la Ville une somme de 30.000 fr.

dont le revenu est employé chaque année, selon le vœu du donateur, à venir en aide à une jeune fille et à un ménage d'ouvriers âgés.

3° Le don de 20.000 fr. (représentés par un titre de rente 3 0/0 de 600 francs) ; fait dernièrement au Bureau de bienfaisance par Mme veuve Calliet-Dupont, mais dont la Ville n'est pas encore en possession à ce jour.

CHAPITRE SEPTIÈME

INSTRUCTION PUBLIQUE — BIBLIOTHÈQUES

ARTICLE PREMIER
INSTRUCTION PUBLIQUE

En dehors des cours publics du soir, la ville de Corbeil ne possède que des établissements d'instruction primaire, savoir :

L'école laïque des garçons ;

L'école laïque des filles ;

L'école des frères de la doctrine chrétienne pour les garçons;

L'asile.

L'enseignement est gratuit dans toutes les écoles.

§ 1. — École laïque des garçons

L'enseignement est donné par un instituteur et deux adjoints brevetés.

Traitement de l'instituteur.	2.400 »
Traitement des deux adjoints.	1.400 »
Total.	3.800 »

L'école compte environ 150 élèves.

§ 2. — École laïque des filles

L'enseignement est donné par une institutrice et deux adjointes brevetées.

Une femme de service est chargée des soins matériels; elle passe en moyenne quatre heures par jour.

Traitement de l'institutrice. . . . . 1.100 »
Traitement des deux adjointes. . . . . . . 1.100 »
Total. . . . . 2.800 »

Il y a environ 180 élèves.

Les gages de la femme de service sont de 500 francs par année. — Cette somme est prise sur le crédit affecté aux dépenses imprévues.

§ 3 — École des frères

L'école des frères compte 150 élèves environ.

Tous les autres renseignements qui la concernent ont été donnés sous l'article 6 du chapitre premier.

§ 4. — Salle d'asile

La salle d'asile est confiée à une directrice aidée d'une adjointe et d'une femme de service chargée des soins matériels.

Cette dernière passe en moyenne huit à neuf heures par jour.

Traitement de la directrice. . . . . 1.000 »
Traitement de l'adjointe . . . . 700 »
Gages de la femme de service. . . . . . . 600 »
Total. . . . . . . 2.500 »

Les enfants sont reçus jusqu'à six ans ; il sont au nombre de 150 environ.

NOTE. — Comme cela a été indiqué plus haut, la Ville possède actuellement cinq écoles publiques :

Une école de garçons, laïque, quai Bourgoing ;
Une école de filles, laïque, rue Feray ;
Une école de filles, congréganiste, à l'Orphelinat ;
Une école maternelle, laïque, rue de la Gare ;
Une école maternelle, laïque, rue du 14-Juillet.

Voici le tableau du personnel enseignant et le nombre des élèves de chaque école au 31 décembre 1895 :

	École garçons	École filles	Orphelinat	Asile r. de la Gare	Asile, rue 14-Juillet
Nombre d'Instituteurs .	6	6	4	2	1
Nombre d'Élèves . . .	332	202	60	254	115
Cubes d'air.	2.025 m.	2.550 m.	410 m.	4.200 m.	672 m.

Depuis l'année 1890, les traitements des instituteurs ne sont plus à la charge des communes, ils sont supportés par l'État.

Par suite la Ville, qui en 1889 payait 10.407 francs pour l'instruction publique, n'a plus à supporter aujourd'hui que les suppléments de traitements et les indemnités de résidence qu'elle a toujours alloués aux instituteurs, et qui, sur le budget de 1895, se sont élevés à la somme de . . . . 5.675 fr.

Il va sans dire que depuis cette époque les 4 centimes spéciaux à l'instruction publique, qui produisaient en 1889 . . . . 3.794 fr.
et aussi la subvention annuelle de l'Etat . . . . 8.741 fr.
ont été supprimés.

§ 5. — Cours publics du soir

Les cours ont lieu de novembre à avril à l'école laïque des garçons et à l'ancien hospice ; ils comprennent la lecture, l'écriture, la langue française, les éléments de l'arithmétique, de la géographie et de l'histoire ; — puis, au degré supérieur, la géométrie, l'arithmétique, le dessin, l'histoire et la géographie.

Il y a en outre à la mairie un cours de musique vocale dirigé par M. Philipps ; à l'école des garçons, un cours de solfège et un cours de musique instrumentale dirigés par M. Limosin.

L'instituteur public reçoit pour cet objet une allocation spéciale de.	100	»
M. Philipps reçoit un traitement annuel de.	300	»
M. Limosin reçoit pour la direction de la fanfare.	200	»
Les frais d'éclairage et de chauffage s'élèvent en moyenne à. . .	700	»
ENSEMBLE.	1.300	»

Enfin, M. Fauquet faisait tous les ans un cours d'arboriculture, qui est interrompu

NOTE — En plus des cours publics du soir, qui ont toujours lieu chaque hiver, il peut être intéressant de mentionner ici les diverses sociétés auxquelles des subventions sont accordées par la Ville sur le budget de 1896.

En plus des cours d'adultes, qui sont inscrits pour . . . . 300 »
le budget de 1896 porte :

Le professeur de la Fanfare	700	»
Entretien des instruments	200	»
Subvention de logement de la Fanfare.	250	»
Société de Gymnastique	500	»
Société d'Escrime.	100	»
Société de Trompettes	250	»
Gymnase à l'école des garçons	150	»
	2.450	»

Caisse des écoles. — La Caisse des Ecoles, créée par la loi du 28 mars 1882, a commencé à fonctionner en 1888.

Son but est de faciliter aux élèves indigents ou peu aisés la fréquentation des écoles communales, au moyen de secours en livres, fournitures de classe, vêtements, chaussures et aliments chauds pendant l'hiver.

Cette Caisse est administrée par un Comité composé du Maire, président, d'un vice-président, des 7 membres de la Commission scolaire et de 5 membres de la Caisse des Ecoles nommés en assemblée générale des souscripteurs, plus un secrétaire et un trésorier.

Avoir de la Caisse des Ecoles au 31 décembre 1895 . . . . . .   7.624 59
Représenté par un livret de caisse d'épargne de . . . 6.975 59
Et espèces en caisse . . . .   649 »

ARTICLE DEUXIÈME

BIBLIOTHÈQUE DE LA VILLE

La bibliothèque est installée à la mairie. Elle comprend environ 5.000 volumes.

M. Dufour en est le conservateur à titre gratuit depuis plusieurs années déjà. Grâce à lui, la réorganisation de la bibliothèque est presque complète ; le catalogue sera prochainement terminé.

Une somme annuelle de 200 francs est affectée à l'entretien des livres et du matériel.

L'administration municipale saisit avec empressement cette occasion d'offrir des remerciments publics à M. Dufour.

NOTE. — La bibliothèque de la Ville est toujours placée sous la direction de son dévoué et savant bibliothécaire M. Dufour.
De nombreux dons sont venus augmenter le nombre des ouvrages, qui atteint plus de 8.000 volumes ; le catalogue en a été imprimé il y a quelques années.
La somme mise au dernier budget à la disposition du Comité de la bibliothèque s'élève à 600 francs.
M. Dufour s'occupe en ce moment de la création d'un musée municipal. Différentes sommes sont déjà réservées au budget pour cette destination.

ARTICLE TROISIÈME ET DERNIER

BIBLIOTHÈQUE POPULAIRE

La bibliothèque populaire a été fondée par l'Association philotechnique. Elle a été ouverte au public le 7 juin 1868, dans les bâtiments de l'ancien hospice.

Dévastée pendant la guerre, elle a été réorganisée et rendue aux lecteurs en novembre 1875, à l'aide de 1 000 francs qui lui avaient été légués par M. Alfred Pasquel, et de 200 francs donnés par M. Bineux, propriétaire à Milly.

Sur ces 1.200 francs, 5 500 francs ont été affectés à l'achat d'une rente sur l'État de 187 francs, qui forme le revenu actuel de la bibliothèque ; le reste, soit 700 francs, a été employé en installation et en achat de livres.

Depuis la dissolution de l'Association philotechnique, la bibliothèque populaire a été rattachée à la ville, et est ainsi devenue un établissement municipal.

Le 19 février 1877, M. le ministre de l'instruction publique a nommé, sur la proposition de M. le préfet de Seine-et-Oise, après présentation par la municipalité, un Comité d'administration et de surveillance composé de MM. Aboilard, Cintrat,

Delaunay, Dufour, et Mainguin, déjà investi par la mairie des fonctions de bibliothécaire.

M. Delaunay a donné sa démission au mois de février dernier.

A la même époque, M. Mainguin, sans donner sa démission de membre du Comité,
a résigné ses fonctions de bibliothécaire. Il a été remplacé par M. Poilly, instituteur
communal.

La démolition prochaine des bâtiments de l'ancien hospice entraînera la
nécessité de chercher un nouveau local pour l'installation de la bibliothèque populaire.
— La municipalité se préoccupe de cette situation.

NOTE. — La bibliothèque populaire, qui depuis 1878 était reléguée dans une salle de
l'école des garçons, ne fonctionnait pour ainsi dire plus. Lors de sa réorganisation au mois
de décembre 1894 et de son installation à la Mairie, on a constaté que de nombreux ouvrages avaient disparu ou étaient tout à fait détériorés. Néanmoins, grâce aux soins du
Comité administrateur et à l'ordre qui règne maintenant, la bibliothèque populaire rend de
grands services à la jeunesse studieuse de Corbeil.

Le nombre des volumes dépasse 2.600 et ne tardera pas à être augmenté au moyen du
crédit de 300 fr. alloué au prochain budget pour achat de livres.

La bibliothèque est ouverte au public, du 1er octobre au 30 juin, les mercredis et samedis, de 8 heures à 10 heures du soir.

Mouvement des prêts du 1er octobre 1895 au 30 juin 1896

	Oct.	Nov.	Déc.	Janv.	Fév.	Mars	Avril	Mai	Juin	Totaux
Nombre de lecteurs . . .	251	400	437	164	507	372	349	270	180	3.224
Nombre de volumes prêtés .	471	712	803	851	917	686	629	510	305	5.938

CHAPITRE HUITIÈME

CHARGES FINANCIÈRES DE LA VILLE

Le projet de budget de l'exercice 1879 évalue les dépenses ordinaires et extraordinaires à la somme totale de 152.222 fr. 50.

Laissant donc de côté toutes les dépenses annuelles qui ont un caractère perma-
nent, nous nous bornerons à mentionner ici les dettes municipales reconnues, et à
l'extinction ou à l'amortissement desquelles le Conseil municipal doit pourvoir.

1° Il était dû à M. Darblay 6.250 francs, pour terrains réunis à la rue des Grandes-Bordes, par voie d'alignement (délibération du Conseil municipal en date du 29 juin 1877). — 1.550 francs figurent pour cet objet au budget de 1878 et 5.000 francs au budget de 1879.

2° Il reste également dû à M. Darblay 5.000 francs, solde d'une avance de fonds représentant la part de la ville dans la dépense des portraits de MM. Galignani. — 2.000 francs ont été affectés à l'extinction de cette créance dans le budget de 1879.

3° En vertu de deux délibérations des 17 novembre 1876 et 9 février 1877, la ville a acquis de M. Parmentier, suivant acte passé devant Mᵉ Jozon, notaire, le 7 novembre 1877, un terrain nécessaire au prolongement de la rue du Trou-Patrix dans la prairie de Saint-Jean, pour le prix de 4.555 francs, dont 2.291 payables en 1881 sans intérêts, et 2.261 francs rapportant intérêts.

Il a été porté, au budget de 1878, un tiers, soit.   .   753 fr. 67
Au budget additionnel de 1878, deux tiers, soit.   .   1.507   33

TOTAL.   .   .   .   .   2.261 fr.   »

Reste dû, 2.291 francs payables en 1881.

4° M. Darblay réclame à la ville 22.567 fr. 50 pour divers travaux de canalisation qu'il a fait exécuter comme maire de la ville, et dont il a avancé le montant. Cette réclamation est actuellement soumise à l'examen du Conseil municipal.

RESSOURCES FINANCIÈRES DE LA VILLE

Nous avons cru devoir comprendre dans le travail qui nous était demandé un tableau des ressources que la loi permet de créer pour faire face aux dépenses municipales.

Le Conseil municipal peut voter :

1° 5 centimes ordinaires sur les contributions foncière, personnelle et mobilière (lois du 11 frimaire an XII, 15 mai 1818, art. 51, et loi annuelle de finances).

Cet article représente environ 2.080 francs par an — (2.900 fr. en 1895).

2° 5 centimes spéciaux pour les chemins vicinaux (loi du 21 mai 1858, art. 2).

Cet article représente environ 1.000 francs — (5.000 fr. en 1895).

3° 3 centimes extraordinaires pour les chemins vicinaux ordinaires (loi du 21 juillet 1857).

Cet article représente environ 2.500 francs — (5.150 fr. en 1895).

4° 5 centimes spéciaux pour l'instruction primaire (loi du 18 juin 1850).

Cet article représente environ 2.100 francs — (supprimé depuis 1890).

5° 4 centimes extraordinaires pour la gratuité de l'instruction primaire (loi du 10 avril 1867, article 8).

Le Conseil municipal ne vote pas cette imposition, les ressources ordinaires suffisant pour assurer la gratuité à Corbeil.

6° 20 centimes extraordinaires pour une durée maxima de douze années, dans les limites fixées par le Conseil général (lois des 18 juillet 1837, 18 juillet 1866 et 21 juillet 1867).

L'approbation du préfet est nécessaire lorsque l'imposition dépasse 5 centimes pour plus de cinq années.

Il n'y a pas à Corbeil d'impositions comprises dans cette catégorie.

7° Des centimes extraordinaires pour pourvoir à l'insuffisance des revenus, sans maximum ni limitation de durée, mais en vertu d'un décret du président de la République (loi du 21 juillet 1867, article 5).

Ces centimes sont à Corbeil au nombre de 49, savoir :

17 centimes jusqu'en 1885 pour amortir l'emprunt de 200.000 francs (distribution d'eaux et marchés ; décret du 29 mai 1861). — (Réduits à 16 c.)

2 centimes jusqu'en 1878 pour l'intérêt de l'emprunt de 50.000 francs amorti sur les ressources ordinaires (acquisition de l'ancien hospice ; décret du 22 avril 1868 — (N'existe plus).

30 centimes jusqu'en 1902 pour amortir l'emprunt de 100.000 francs (dépenses causées par l'invasion allemande ; décret du 1er septembre 1872). — (Réduits à 28 cent.)

Les centimes figurant au paragraphe 1 ci-dessus portent sur les contributions foncière, personnelle et mobilière ; les autres centimes portent sur les quatre contributions directes.

La valeur actuelle de ce dernier centime à Corbeil est de 800 francs.

NOTE. — Le remboursement de l'emprunt de 200.000 francs souscrit en 1862 avait pris fin le 31 décembre 1891.

La différence du taux de l'argent entre 1862 et 1892 a permis au Conseil municipal de réaliser un nouvel emprunt de 250.000 francs à la Caisse des Dépôts et Consignations, au taux de 4 p. 0/0, sans augmenter sensiblement les annuités précédentes (16.000 francs environ au lieu de 15.000).

C'est cette opération qui a donné au Conseil municipal les moyens d'entreprendre les travaux importants des Halles, des Eaux, des Pompes à incendie, etc., sans que les contribuables aient eu à supporter de nouvelles impositions extraordinaires ;

De même que la plus value sur les droits de places (44.000 fr. au lieu de 27.000 fr.) et celle de l'octroi, provenant de l'imposition des matériaux (20.000 fr.). ont permis de faire face à des améliorations dans le service de la voirie, dans l'éclairage et dans plusieurs autres services municipaux.

En somme, les principaux travaux exécutés par la Ville depuis une dizaine d'années peuvent se résumer ainsi :

	Dépenses en chiffres ronds
Le percement de la rue de la Gare.	21.000 »
Elargissement du pont Feray	14.000 »
Réfection de la place du Marché	32.000 »
Construction des Halles.	98.600 »
Construction du corps de garde et du magasin des pompes.	45.000 »
Elévation d'eau au bord de la Seine	92.500 »
Travaux importants de canalisation d'eau en Ville	16.000 »
Construction d'une école maternelle et travaux d'agrandissement de l'école des filles	61.000 »
Construction de l'asile Audiffred	21.500 »
Murs du nouveau Cimetière.	12.000 »
Construction d'une section de l'égout collecteur de la Prairie	35.000 »
Empierrements, égout, caniveaux, avenue Carnot (chemin vicinal n° 6).	14.800 »

Population. — Le recensement du 29 mars 1891 donne 9.392 habitants pour 2.723 ménages.

La valeur du centime additionnel au 31 mars 1895 est de 1.044 fr. 22.

Résumé du Compte financier de la Ville pour l'année 1895

Reliquat de 1891 (comprenant les crédits réservés de cet exercice) .		142.534 52
Recettes effectuées en 1895	250.910 74	
Restes à recouvrer nets	15.650 42	
	266.561 16	266.561 16
Total des Recettes		400.125 68
Dépenses effectuées en 1895	295.130 77	
Restes à payer	89.208 22	
	384.338 99	384.338 99
Différence ou fonds libres à la clôture de l'exercice		24.786 69

(Voir le tableau ci-après)

(Voir tableau page suivante)

CHAPITRE XI

Tableau de quelques Dépenses ou Recettes relatives aux principaux Services de la Ville

DÉPENSES ou RECETTES ORDINAIRES	1884	1885	1886	1887	1888	1889	1890	1891	1892	1893	1894	1895	1896	1897	1898
Eaux : Recettes	15.767	17.546	13.183	9.191	9.225	10.689	9.600	9.599	11.366	15.791	12.616	13.709			
	......	(*)3.000	3.000	3.000	3.000	3.000	3.000	3.000	3.000	3 000					
Dépenses ordinaires (Elévation et canalisation)	5.559	122	18.610	13.753	12.342	11.049	11.587	10.200	12.100	12.592	9.464	11.864			
Octrois : Recettes	64.979	62.405	66.940	70.700	78.203	78.666	79.130	81.368	83.720	105.863	105.160	106.042			
Dépenses	9.008	10.350	12.246	12.500	15.245	19.246	19.500	19.300	19.500	19.500	20.012	19.638			
Abattoirs (Recettes)	507	8.516	308	300	6.083	5.928	5.812	5.981	6.128	6.212	6.281	6.133			
Droits de places (Recette, prix de ferme)	20.604	20.900	20.900	20.350	20.350	20.350	26.950	26.950	26.950	26.950	44.600	44.600	44.600	44.600	44.600
Concessions de terrains dans le cimetière — Recette	3.628	2.580	3.563	5.301	4.389	4.514	0.266	3.893	4.514	4.356	6.834	3.696			
Taxe sur les chiens (Recette)	1.262	1.466	1.588	1.608	1.697	1.935	2.196	2.170	2.296	2.254	2.362	2.782			
Taxe sur les vélocipèdes (Recette, attribution de 2 fr. 50 par vélocipède)	......	......	......	......	......	......	......	......	......	225	518	540			
Eclairage municipal (Dépenses)	11.698	11.757	12.000	12.095	12.274	12.300	12.500	14.500	14.500	15.000	15.481	15.754			
Entretien des rues et promenades	8.758	8.529	9.786	9.861	11.768	11.139	10.213	12.248	12.584	14.180	19.590	20.845			
Enlèvement des boues et balayage : Dépenses	5.000	4.623	6.939	7.400	7.837	6.590	6.698	6.992	7.785	7.592	8.000	8.036			
Recette (Taxe de balayage)	3.317	3.321	3.274	3.235	3.182	3.214	3.227	3.251	3.296	3.294	3.276	3.239			
Enseignement public : Personnel enseignant	14.391	14.692	15.542	16.200	17.392	19.467	2.375	5.685	5.672	5.679	5.758	5.675			
Dépenses diverses (1)	6.410	7.193	8.296	8.264	9.660	7.680	7.331	6.738	7.418	6.807	8.886	10.184			
Voirie vicinale	4.212	4.160	4.125	6.239	5.097	15.837	16.650	17.011	12.978	12.420	12.010	14.931			
Personnel du bureau de la Mairie	3.700	3.800	4.000	4.200	4.890	5.255	5.500	5.700	5.900	6.000	6.600	6.300			
Fêtes publiques	1.800	1.993	2.000	2.000	2.452	3.475	2.787	3.800	4.484	3 976	3.913	4.000			

(1) Hospice

(1) Ces dépenses comprennent : Les femmes de service, le chauffage, l'éclairage, les prix et livres de classes, l'entretien des bâtiments et du mobilier, la subvention de la Caisse des Écoles.

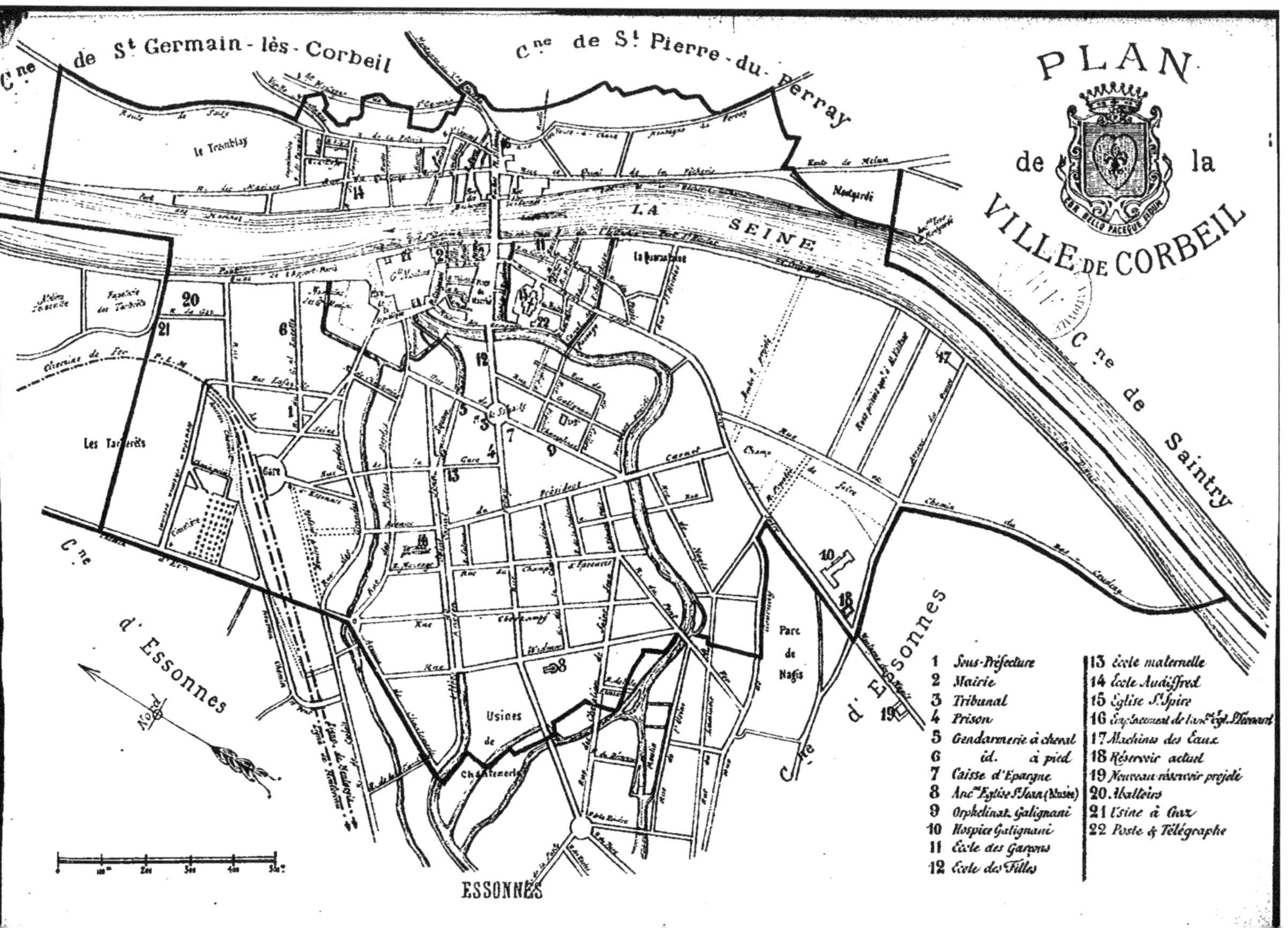

PLAN
de la
VILLE DE CORBEIL
Cne de St Germain-lès-Corbeil
Cne de St Pierre-du-Perray
Cne de Saintry
Cne d'Essonnes
LA SEINE
Le Tremblay
Les Tanneries
Usines de Chantemerle
Parc de Nagis
Gare
ESSONNES
Nord
1 Sous-Préfecture
2 Mairie
3 Tribunal
4 Prison
5 Gendarmerie à cheval
6 id. à pied
7 Caisse d'Épargne
8 Anc Église St Jean (Musée)
9 Orphelinat. Galignani
10 Hospice Galignani
11 École des Garçons
12 École des Filles
13 École maternelle
14 École Audiffred
15 Église St Spire
16 Emplacement de l'anc Égl. St Leonard
17 Machines des Eaux
18 Réservoir actuel
19 Nouveau réservoir projeté
20 Abattoirs
21 Usine à Gaz
22 Poste & Télégraphe

44

www.ingramcontent.com/pod-product-compliance
Lightning Source LLC
Chambersburg PA
CBHW061247050726
47594CB00004B/1404